Amelunxen
Carlo Buonaparte – Vater Napoleons

CARLO BUONAPARTE
Vater Napoleons

Porträt eines vergessenen Patrioten

Von Clemens Amelunxen

Carl Heymanns Verlag · Köln · Berlin · Bonn · München

CIP-Kurztitelaufnahme der Deutschen Bibliothek

Amelunxen, Clemens:
Carlo Buonaparte, Vater Napoleons : Portr. e. vergessenen Patrioten / von Clemens Amelunxen. – Köln ; Berlin ; Bonn ; München : Heymann, 1984.
ISBN 3-452-20048-5

ISBN 3-452-20048-5
Gedruckt von E. Rieder, Schrobenhausen

Inhalt

Einstimmung

Dieses Buch, die erste deutschsprachige Biographie über den Vater Napoleons, erscheint in einem Jahr, das für die deutsch-französischen Beziehungen von weittragender Bedeutung ist. Die Grenzen zwischen beiden Staaten haben sich für den unkontrollierten Reiseverkehr geöffnet. Es ist abzusehen, daß auch die Schlagbäume, die einst in Europa selbst kleinste Territorien absperrten, in Kürze fallen. Dann werden allenfalls Grenzsteine wie in benachbarten Provinzen den Deutschen wie den Franzosen anzeigen, daß sie ein anderes Land betreten.

Zwanzig Jahre sind im Leben von Völkern eine kurze Zeit. Der deutsch-französische Freundschaftsvertrag von 1963 war ein persönliches Bündnis zweier bedeutender Staatsmänner, de Gaulle und Adenauer, bestenfalls ein Kontrakt zwischen zwei Staatsregierungen. Er wäre – wie so manche wohlgemeinte diplomatische Absichtserklärung in der europäischen Vergangenheit – zu keinem greifbaren Ergebnis gediehen, ja auf dem Papier stehengeblieben, wenn nicht Zustimmung und Begeisterung der Bürger in beiden beteiligten Staaten ihn mit Leben erfüllt hätten.

Welch lebendige Gestalt dieser Vertrag seither angenommen hat, das hätten sich vor zwanzig Jahren auch kühnste Optimisten nicht träumen lassen. Sie konnten sich gewiß vorstellen, daß regelmäßige politische Konsultationen stattfinden, wirtschaftliche Bindungen angekurbelt, Städte-Partnerschaften geschlossen, Schüler-Austausche amtlich verordnet und offizielle Kulturbeziehungen vertieft würden. Das alles geschah tatsächlich, und es war wichtig genug.

Aber viel wertvoller, ja allein entscheidend ist doch, daß Franzosen und Deutsche »aufeinander zu« gegangen sind, daß sie sich aus verhärteten Ressentiments früherer Generationen gelöst haben, sich nicht nur als geographische Nachbarn (bongré, malgré) ertragen und vertragen, sondern sich wechselseitig als beste Freunde betrachten. Keine Regierung, weder in Frankreich noch in Deutschland, hätte Sympathie und Annäherung dekretieren und durchsetzen können, wären solche Entscheidungen nicht souverän mitgetragen worden von den Menschen diesseits und jenseits der Grenze.

Vor rauschhafter Euphorie muß freilich gewarnt werden. Gefühle allein sind unsichere Ratgeber. Verläßliche Freundschaft beruht auch auf Kenntnis der jeweils anderen Seite. Erst das sichere Verstehen führt zur »Verständigung«, die ja von Dauer sein soll – nicht nur im Interesse dieser beiden Völker, sondern zum Nutzen Europas. Wohin Franzosen und Deutsche (wie wir hoffen, gemeinsam) gehen, das erkennen sie besser, wenn ihnen klar ist, woher sie kommen – und da ist die Geschichte immer noch die beste Lehrmeisterin.

In der gemeinsamen Geschichte, rechts und links des Rheines seit dem späten Mittelalter, ist zweifellos Napoleon I. eine zentrale Figur. Die von ihm errichtete Fremdherrschaft über Preußen und andere deutsche Staaten – mit der Folge der leidenschaftlich geführten Befreiungskriege – hat sein Bild in Deutschland fast anderthalb Jahrhunderte lang zu Unrecht verdunkelt. Daß dieser Mann nicht nur Franzose, sondern ein großer Europäer war, der auch für Deutschland durch Friedenstaten nachhaltig Positives bewirkt hat, ist durch neuere Forschungen der letzten

Jahre vielfach belegt worden. Auch den Mitgliedern seiner Familie – von denen manche, wie Jerome, Lucien, Caroline und Joachim Murat, enge Beziehungen zu Deutschland und zu Deutschen hatten – ist durch diese Forschungen mehr Gerechtigkeit widerfahren.

Aber es gibt einen Menschen in der Familie Napoleons, der in Frankreich wie in Deutschland ein nahezu Unbekannter geblieben ist – sein eigener Vater, Carlo de Buonaparte. Das ist zu bedauern; denn ohne diesen Vater kann man den großen Sohn in seiner Herkunft, seinem geistigen Erbe, seiner frühen Umwelt und seinen prägenden Jugend-Erlebnissen nicht richtig verstehen.

Ich habe auf Korsika alle Stellen und Städte besucht – sie waren nicht leicht zu finden –, die mit Carlos Leben, seinem Beruf und seinen Geschäften verbunden waren. Im Stadtarchiv von Ajaccio waren einige Urteile zu entdekken, an denen er als Richter mitgewirkt hat. Beim Museums-Kustos seines einstigen Wohnhauses erwarb ich die einzige Biographie, die bisher über ihn veröffentlicht worden ist. Sie enthält auch sein eigenes Tagebuch, dessen Original (zusammen mit einigen Briefen und Notizen) sich in der Nationalbibliothek zu Paris befindet; einige Passagen habe ich ins Deutsche übersetzt. In zahlreichen Büchern, die den Angehörigen der Familie Bonaparte – einzeln, gruppenweise oder in Gesamtheit – gewidmet sind, und die ich zu Rate gezogen habe, ist Vater Carlo leider nur eine Randfigur, die von den Autoren je nach persönlicher Neigung mit Verächtlichkeit, mit flüchtig-amüsiertem Interesse oder mit gönnerhafter Herablassung behandelt wird.

Diese Kurzbiographie nun ist die erweiterte Fassung eines Vortrags, den ich beim Deutsch-Französischen Kreis und bei deutsch-französischen Gesellschaften in der Bundesrepublik, insbesondere der Gesellschaft »Cluny«, gehalten habe. Für die Ermutigung, die mir viele Mitglieder dieser Vereinigungen durch Rat und Tat gegeben haben, bin ich ihnen zu Dank verpflichtet. Diesen Menschen, die über deutsch-französische Verständigung nicht nur parlieren, sondern aktiv etwas dafür tun, ist das Buch vorzugsweise gewidmet. Sie sind es, die der einstige französische Botschafter in Bonn, Francois Seydoux de Clausonne, vor Jahren meinte, als er bei einer französisch-deutschen Veranstaltung im Pariser Palais Luxembourg ausrief: »La France connaît ses amis!«

Es ist zu wünschen, daß Frankreich künftig seine deutschen Freunde in zunehmender Zahl kennen und schätzen möge.

Carlo Buonapartes Todestag jährt sich im Februar 1985 zum 200. Mal. Es wäre ein Anlaß zeitgenössischer Wiedergutmachung am Gedächtnis und Ansehen eines bedeutenden Mannes.

I. Der unbekannte Vater

Man sucht ihn fast vergeblich

Wenn man heute in Ajaccio den Spuren des größten Sohnes der Insel Korsika nachgeht und seine Familiengeschichte verfolgt, so möchte man auf den ersten Blick glauben, daß Napoleon gewiß eine Mutter hatte, auch Brüder und Schwestern, zwei Ehefrauen nacheinander, Stiefkinder und illegitime Kinder, einen Haufen Nichten und Neffen, gar zwei prominente geistliche Onkel – nur einen Vater hatte er offenbar nicht!

Fast alle Verwandten figurieren auf Bildern, Büsten und Postkarten, ihre Köpfe sind käuflich als Kitschartikel der Souvenirläden; der Kaiser reitet, von seinen vier Brüdern zu Fuß in altrömischer Tracht flankiert, in stolzer Denkmal-Pose am Hafen; eine Statue des Nesthäkchens Jerome steht gar in der Eingangshalle des Rathauses, wo Jerome gewiß nichts verloren hatte. Es war der Epigone Napoleon III., der als letzter Franzosenkaiser für all dies gesorgt hat.

Vom Vater Carlo findet man so gut wie nichts. Ihn erwähnen nicht einmal die grämlichen Museumswärter in der »Maison natale«, Napoleons Geburtshaus, das ja immerhin dem Vater gehörte. Kein Platz, keine Straße, keine Säule trägt seinen Namen. Erst am 5. Mai 1951, dem 130. Todestag seines größten Sohnes, hat man seine sterblichen Reste in die »Chapelle Impériale« überführt, ein imitiertes Renaissance-Mausoleum in Ajaccios Rue Fesch – seither ruht er endlich neben seiner Frau Letizia, deren Leiche bereits 1860, von Rom aus, dort angekommen war.

Und erst 1977 erschien über ihn die erste, bisher einzige Biographie mit Veröffentlichung seines Tagebuchs, geschrieben von seinem korsischen Landsmann Xavier Versini in französischer Sprache.

Dafür, wie die Biographen der Familie Bonaparte bisher mit Carlo umgegangen sind, sei beispielhaft nur David Stacton zitiert. Danach war er »ein pseudoeleganter Taugenichts, der sich Tag für Tag groß aufspielte und Nacht für Nacht herumhurte... ein Blender und Tunichtgut«. So kann man schon angenehm überrascht sein, wenn andere Bücher, die noch den unbedeutendsten Mitgliedern des Napoleoniden-Clans gewidmet sind, den Vater gänzlich verschweigen – etwa mit der abenteuerlichen Behauptung von Gertrude Kircheisen, daß »sein Leben und Charakter von keinerlei Einfluß« gewesen und er gestorben sei, als »Napoleon ein Knabe von sieben Jahren« (der Sohn war damals sechzehn Jahre) gewesen sei.

Wir stoßen hier auf einen handfesten Skandal der Geschichtsschreibung. Es gibt dafür, daß Napoleons Vater bis heute der systematischen öffentlichen Nichtachtung oder doch Nichtbeachtung preisgegeben ist, wohl nur eine einzige Erklärung. Sie kann nicht darin liegen, daß er schon mit knapp 39 Jahren gestorben ist. Sehr viel berühmtere Menschen als er sind weit jünger gestorben – von Alexander dem Großen bis zu Karl dem Kühnen, vom Schwedenkönig Gustav Adolf bis Simon Bolivar, von Raffael bis Puschkin, von Jeanne d'Arc bis Maria von Burgund. Carlo Bonaparte ist genau so alt geworden wie sein König Louis XVI., der unter der Guillotine endete. Die Lebenserwartung war vor 200 Jahren ohnehin geringer als heute, tüchtige Menschen kamen schon in der Mitte ihrer zwanziger Jahre in bedeutende Positionen – und Napoleon selbst war nur sechs Jahre älter als sein Vater, als er seine politische Laufbahn schon auf St. Helena beenden mußte.

Nein, der Grund für die historische Schatten-Existenz des Carlo Maria de Buonaparte besteht darin, daß seine eigenen Kinder, die ihm so vieles zu danken hatten, ihn totgeschwiegen haben – und seine Witwe auch, obwohl sie nach seinem frühen Tod nicht wieder geheiratet hat.

Gewiß, Lucien Bonaparte hat als päpstlicher Fürst von Canino das alte Wappen seines Vaters – zwei goldene Sterne auf rotem Grund – im Schilde geführt; aber doch nur, um sich von dem ungeliebten kaiserlichen Bruder, auch von dessen Adlern und Bienen, zu distanzieren. Und Joseph, Carlos ältester Sohn, hat bisweilen Gutes über den Vater gesprochen – zu dem alleinigen Zweck, sich enger Vertrautheit mit ihm zu rühmen und sich gegenüber Napoleon als neues Familienoberhaupt aufzuspielen.

Ansichten eines Sohnes

Ansonsten ging Napoleon selbst mit schlechtem Beispiel voran. Von ihm sind nur knappe, eher abfällige Bemerkungen über seinen Vater bekannt. Als die Stadt Montpellier, wo Carlo gestorben war, ihm ein Denkmal setzen wollte, verbot es der damalige Erste Konsul mit der höchst wunderlichen Begründung, sein Vater sei schon zu lange tot ... es waren seither noch nicht zwanzig Jahre vergangen!

Eine weitere Äußerung des Kaisers lautete: »Mein Vater hatte Hang zur Poesie und zur Rhetorik, aber er war ein Verschwender, der sein ganzes Vermögen vergeudet haben würde, wenn meine Mutter ihn nicht daran gehindert hätte!« Ein anderes Mal erinnerte er sich: »Mein Vater spielte gern Karten, und meine Mutter schickte mich als Knaben oft ins Wirtshaus, um ihn vom Spieltisch wegzuholen – das war mir sehr peinlich!« Bemerkenswert ist auch diese Beurteilung: »Mein Vater war ein ausnehmend schöner Mann von lebhafter Phantasie und glühenden Leidenschaften. Ihn erfüllte fanatische Freiheitsliebe, aber er träumte von einer Freiheit, wie sie zu Beginn einer Revolution, die alles umwälzt, nicht bestehen kann – er wäre mit den Girondisten gestorben!« Da ist sie wieder, die hochmütige Nachsicht des Jüngeren gegenüber dem Älteren (der, zum Glück für jenen, schon tot ist) – als ob »Freiheit« in geschichtlichen Abläufen jeweils etwas Verschiedenes und nicht immer dasselbe bedeute; als ob der Sohn gewußt hätte, wie der Vater in Situationen, die er selbst eher richtungslos überlebte, agiert und reagiert haben würde.

In der Erkenntnis, wie publikumswirksam sich doch stets eine intakte und enge Mutter-Sohn-Beziehung darstellt, hat Napoleon auch gesagt: »Mein Glück und mein Schicksal, alles, was ich bin und habe, verdanke ich meiner Mutter!« Dieses markige Wort ist nicht nur ungerecht, sondern schlicht unwahr – das wird zu beweisen sein.

Nur ein einziges Mal vielleicht entdecken wir eine Gefühlsbewegung des Sohnes, die geradezu blitzartig die verschüttete Vaterbeziehung und das ganze familiäre Umfeld erleuchtet. Das ist am 2. Dezember 1804, dem Tag der Kaiserkrönung, als Napoleon, schon in Purpur und Hermelin, die Kathedrale von Notre-Dame betritt, um die päpstliche Salbung zu empfangen. Da wendet er sich zu seinem älteren Bruder Joseph, flüstert ihm etwas zu, und er sagt es in kehligem Korsisch: »Si Babbu ci vidia« – wenn Vater uns jetzt sähe!

Nichts ohne ihn!

Der »Babbu«, dessen dürfen wir gewiß sein, hätte als Lebender nicht gefehlt am größten Tag seiner Kinder – wie Mutter Letizia fehlte, weil sie in grantiger Skepsis vom Kaiserreich und seiner Zukunft nichts hielt und schon damals in ihrem korsischen Französisch orakelte: »Pourvou que ca doure« – wenn das nur von Dauer ist. Sie saß keineswegs in der Loge, in die sie von David hineingemalt worden ist auf dem berühmten Krönungsbild im Louvre. Sie hatte sich, obwohl dringlich geladen, ferngehalten – in stillem, desto auffälligerem Protest.

Es will scheinen, daß Madame Mère als Persönlichkeit wie als mütterliches Vorbild maßlos überschätzt worden ist. Sie hat Napoleon keineswegs das Selbstvertrauen, den Optimismus, die Begeisterung vermittelt, die er in kritischen Stunden seines Lebens gebraucht hätte. Sie hat stets weniger gehandelt als vielmehr reagiert, und das eher ängstlich als resolut. Wann immer es ihrer Familie schlecht ging – vor allem 1814 nach der ersten Vertreibung – hat sie ihr großes Vermögen in ebenso großem Geiz für sich behalten, und auch ihren Kindern lieh sie Geld nur gegen hohe Zinsen. Im Grunde hat sie kaum mehr getan, als man von einer ordentlichen Durchschnitts-Frau und -Mutter ohnehin erwarten darf.

Es wird aber nicht nötig sein, Letizia Bonaparte von dem hohen Sockel zu demontieren, auf den ihre Kinder, die Zeitgenossen und viele Historiker sie gesetzt haben; sie mag dort verbleiben. Trotzdem läßt sich behaupten, daß nichts, gar nichts in der Familie Bonaparte möglich gewesen wäre und sich bewegt hätte ohne den einen erstaunlichen Mann und Vater, Carlo Maria de Buonaparte, jenen zu Unrecht vergessenen korsischen Edelmann und französischen Patrioten.

Ohne ihn wäre Napoleon nicht als bewußter Franzose aufgewachsen und ausgebildet worden und daher nie zum Herrn Europas aufgestiegen. Er wäre als Partisanenhauptmann in den Bergen Korsikas verblieben und dort wahrscheinlich auch gefallen – im Kampf gegen Frankreich oder eine verfeindete Sippe, wie so viele Söhne aus korsischen Familien, die der seinigen an Stellung, Vermögen und Ansehen ebenbürtig waren.

Was wäre, wenn...

Die Frage »Was wäre gewesen, wenn...«, die sich gerade für Napoleon und seinen Vater so reizvoll stellt, ist in der Geschichtsbetrachtung allemal müßig, denn die historische Gegenprobe bleibt uns verschlossen. Wir mögen spekulieren, ob Carlo – hätte er nur lange genug gelebt, um von seinem Sohn auf einen Empire-Thron im eroberten Europa gesetzt zu werden – nicht ein weit besserer König von Neapel gewesen wäre als Joachim Murat, ein tüchtigerer Vizekönig von Italien als Eugène Beauharnais oder doch ein florentinischer Großherzog von Mediceer-Zuschnitt in der alten Familienheimat Toskana. Das führt zu nichts.

Aber folgen wir einen Moment einem so bedeutenden Franzosen wie André Maurois, wenn er Napoleons Schicksal bedenkt für den Fall, daß der Franzosenkönig Louis XV. die Insel Korsika nicht von der Republik Genua gekauft hätte (– er tat es gegen das Mehrheitsvotum seiner Minister). Korsika wäre dann, so Maurois, wohl von den Engländern erobert worden, die »viel zu konservativ sind, als daß sie eine Blitzkarriere gestattet hätten«; das hätte für Napoleon »ein mittelmäßiges, vielleicht glückliches Leben bedeutet inmitten einiger Morgen Maulbeerbäume, Weinberge und Olivenhaine«.

Nur sollten wir selbst bei solcher rückwärts gewandten Prophetie eines nicht vergessen: auch dann wäre es Vater Carlo gewesen, der diese Äcker und Wälder erworben, gesammelt, ja mit großem Geschick verbessert und vermehrt hat.

Immerhin hat Napoleons Sohn, der »König von Rom« und spätere Herzog von Reichstadt, während seines kurzen Lebens nicht nur den französierten Namen »Franco-is-Joseph« seines Großvaters mütterlicherseits, des österreichischen Kaisers, tragen dürfen, sondern auch den Namen »Charles« – eben nach seinem anderen Großvater Carlo.

Und es ehrt gewiß den heutigen Stammhalter des Hauses Bonaparte, den Prinzen Napoléon, daß er seinen ältesten, 1950 geborenen Sohn und späteren dynastischen Nachfolger auf den Namen »Charles-Napoléon« hat taufen lassen.

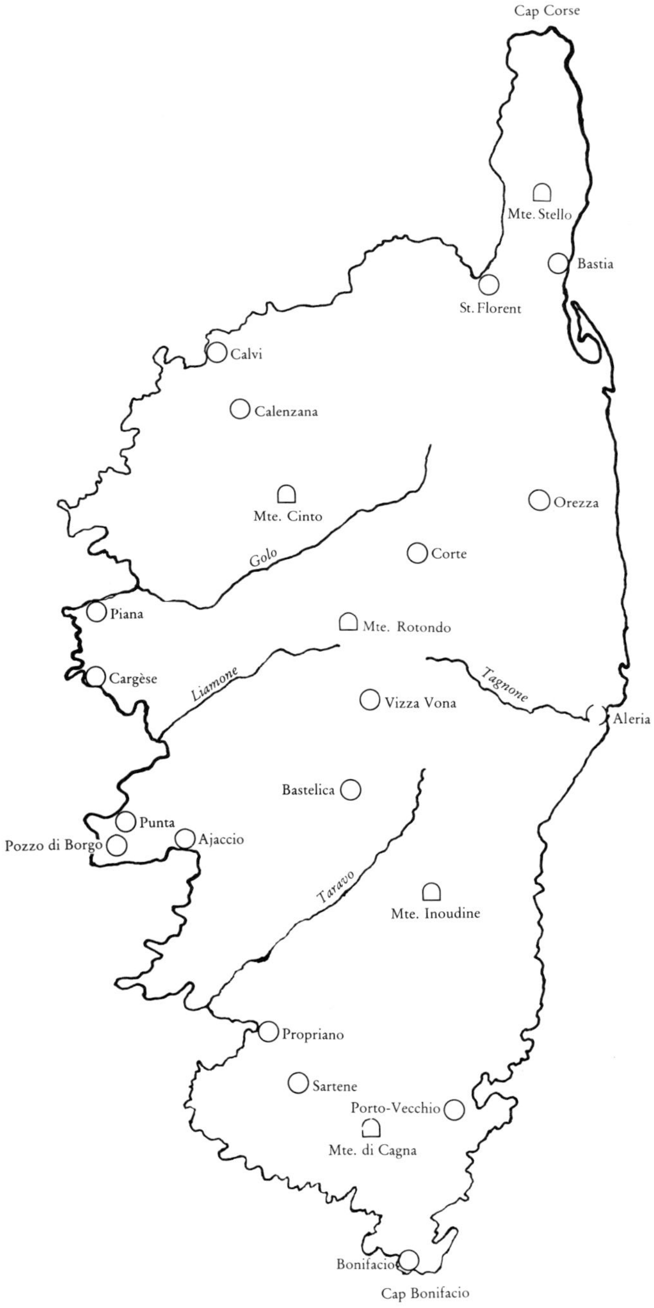

Cap Corse
Mte. Stello
Bastia
St. Florent
Calvi
Calenzana
Mte. Cinto
Orezza
Golo
Corte
Piana
Mte. Rotondo
Cargèse
Liamone
Tagnone
Vizza Vona
Aleria
Bastelica
Punta
Pozzo di Borgo
Ajaccio
Taravo
Mte. Inoudine
Propriano
Sartene
Porto-Vecchio
Mte. di Cagna
Bonifacio
Cap Bonifacio

II. Die korsische Heimat

Die Insel der Macchia

Geschichte kann nicht ohne Geographie begriffen werden, und so muß die Annäherung an Carlo Buonaparte (von jetzt an wollen wir ihn nicht ohne »u« schreiben) doch mit einem Blick auf Korsika beginnen.

Die Bühne, auf der sich der Vorhang zum Lebensdrama unserer Vaterfigur hebt, ist mit 8682 Quadratkilometern die viertgrößte Insel des Mittelmeers (nächst Sizilien, Sardinien und Zypern). Sie ist geologisch und ethnisch eher mit Italien als mit Frankreich verwandt. Auch das korsische Idiom ist kaum etwas anderes als ein italienischer Dialekt, was man freilich einem Korsen nicht sagen darf, sonst würde man tätlich angegriffen; immerhin enthält das Korsische noch fast so viel vom Bauernlatein der späten Römerzeit wie das Rhätoromanische oder das »Catalán«, das bis heute Staatssprache des Pyrenäen-Zwergstaats Andorra ist – und sogar einige arabische Einsprengsel.

Ansonsten ist Korsika, das sich für den Schiffsreisenden in der Tat wie eine bizarre Opernkulisse präsentiert, eine kleine, scharf ausgeprägte Welt für sich.

Es ist ein Land des ewigen Windes. Der von Marokko her wehende »Libeccio« bestreicht die Westküste mit Warmluft; von Nordwesten, aus dem Rhonetal, kommt der heftige, manchmal eiskalte »Maestrale«, und direkt von Norden, aus den italienischen Seealpen, die frische »Tramontana«. Die libysche Wüste im Südosten entsendet den abscheulichen »Scirocco«, der bisweilen tagelang feuchte Schwüle bringt; angenehmer sind die sanft kühlenden Ostwinde »Levante« und »Grecale« von der italienischen, nur 80 Kilometer entfernten Gegenküste.

Korsika ist auch ein Land der schroffen Berge. Vom Cap Corse im Norden bis Cap Bonifacio im Süden verläuft, 183 Kilometer lang, eine breite zentrale Felsenkette, von der nach Westen und Osten weitere Gebirgszüge abzweigen: Urgestein, Porphyr und Granit, im Westen steil ins Meer abfallend. Es gibt ausgedehnte Wälder mit Kastanien, Kiefern, Buchen und Korkeichen (sie bedecken heute noch ein Drittel der Insel). Flache, oft sumpfige Küstenstreifen und versandete Flußmündungen finden sich fast nur im Osten, so bei der alten, einst wegen der Malaria aufgegebenen Römersiedlung Aleria.

Vor allem aber: Korsika ist, wie Sardinien, eine Heimat der wuchernden Macchia, die bis 800 Meter die Berghänge hinaufkriecht, in den Ebenen die Dörfer umgürtet und die Talspalten oft unpassierbar macht. Der immergrüne Buschwald besteht aus Brombeergesträuch und Mastix, Zistrosen, Myrten, Weiß- und Kreuzdorn, Heide- und Farnkraut. Das alles bildet ein undurchdringliches, mannshohes Dickicht. Wer die heimlichen Pfade durch diese natürliche Festung nicht kennt, braucht ihre Eroberung gar nicht erst zu versuchen – wovon die Korsen seit Jahrtausenden gegen fremde Okkupanten, bei polizeilichen Razzien bis heute, profitiert haben.

Ein Geruch von Oleander und Lavendel, von Rosmarin und Thymian, von wilder Minze und bitterem Honig liegt über der Insel, jener unbeschreibliche Duft, den Napoleon noch auf St. Helena in der Erinnerung mit geschlossenen Augen zu spüren glaubte. Im Exil meinte er auch, daß seine zweite Regierung der Hundert Tage niemals stattgefunden hätte, wenn man ihm 1814 Korsika statt Elba als

Fürstentum gegeben hätte – von dort wäre er nicht nach Frankreich zurückgekehrt... Auf Korsika, so hat auch Mutter Letizia immer wieder gesagt, sei alles viel schöner und besser als irgendwo sonst auf der Welt. Das scheinen die Korsen noch heute zu glauben, denn wenn sie in Paris nach eher ungeliebten Geschäften, Besorgungen und Verpflichtungen das Flugzeug besteigen, das sie in knapp zwei Stunden auf ihre Insel zurückbringt, dann sind sie freudig erregt. Und wenn die Küstenlinie mit dem Flugplatz Campo d'Oro von Ajaccio auftaucht, dann jubeln sie laut.

Land unter der Mohrenflagge

Zur Zeit von Carlos Geburt befand sich Korsika noch teilweise in dem Zustand, in dem die Römer es im 5. Jahrhundert nach Christus verlassen hatten. Die Insel war mit nur 130.000 Einwohnern – heute sind es knapp doppelt so viele – dünn besiedelt, die Dörfer lagen weit auseinander, der Verkehr im Inneren wurde erschwert durch Wildbäche und tiefe Schluchten. Vom Meer waren stets die Eroberer gekommen, die in wechselnder Folge die geplagte Insel überzogen und mit dem Schwert dreinschlugen: der Reihe nach Vandalen und Ostgoten, Byzantiner, Araber und Sarazenen, türkische und algerische Piraten, dann seit dem 11. Jahrhundert Pisaner und Genuesen. Hatte das fromme Pisa die Insel vom Papst zum Lehen erhalten und 300 Kirchen gebaut, so errichtete das eher zur weltlichen Macht orientierte Genua fast ebenso viele Festungen – und setzte sich 1284, in der Entscheidungsschlacht von Meloria, militärisch gegen Pisa durch. Die Genuesenherrschaft dauerte nun beinahe ein halbes Jahrtausend, unterbrochen durch einige Attacken und Landnahmen der Könige von Aragon.

Aber der Volkscharakter der Korsen war und ist völlig anders als die Mentalität der Einwohner auf der benachbarten, sonst so ähnlichen Schwester-Insel Sardinien, die es nie zu politischer Autonomie gebracht hat. In Korsika hatten sich freiheitlicher Geist und Bürgersinn, ja staatsbildende Kraft früh entfaltet. Der Handels- und Stadtrepublik Genua ist es nie recht gelungen, die gesamte Insel völlig als Kolonie zu unterwerfen, wie es etwa den Venezianern mit Zypern gelungen ist. Immer blieben dank der Gunst der Geographie zersprengte Bergbezirke und Talschaften erhalten, in denen die Korsen unter eigenen politichen Institutionen, nach eigenem Recht lebten.

Sie hatten ihr Parlament, die Consulta, einen Obersten Gerichtshof, den Consiglio Supremo, später sogar eine kleinwinzige Universität in ihrer heimlichen Hauptstadt – das waren nicht die Küstenorte Ajaccio oder Bastia, sondern Corte war es, ein trutziges Bergnest im geographischen Mittelpunkt der Insel. Selbst auf dem Meer zeigten die Korsen stolz ihre Flagge, den schwarzen Mohrenkopf mit Stirnbinde auf weißem Grund (heute wieder die offizielle Fahne der französischen Region Korsika).

Vorübergehend hat sich Korsika im 18. Jahrhundert sogar einen eigenen König vom Festland geholt, den westfälischen Baron Theodor Neuhof (französisch: Théodore de Neuhoff). Der Geschichtsschreiber Ferdinand Gregorovius beurteilt ihn so: »Er war ein Mann, wunderlich verwegen, phantastisch genial, unerschöpflich in Plänen, ausdauernder als sein seltenes Glück, und von allen tapferen Abenteurern der preiswürdigste, weil er für die Freiheit eines tapferen Volkes männlich Kopf und Arm verwendete«.

Die republikanischen Korsen verbündeten sich mit Beelzebub, um den Teufel Genua zu schlagen: im April 1736 wurde Theodor Neuhof von der Consulta zum erblichen König von Korsika ausgerufen. Sogleich trat er in die Fußstapfen des legendären Freiheitskämpfers Sampiero Corso. Er organisierte ein kleines Heer, erließ eine Rechtsordnung, wirkte selbst als oberster Richter und versuchte auch für die Wirtschaft einiges zu tun. Er stiftete den »Orden der Befreiung« und ernannte Dutzende von Korsen zu Grafen und Baronen. Auch schlug er Goldmünzen mit seinem Bildnis (sie sind, mit der Umschrift »Theodorus I. Rex Corsicae« versehen, heute im Handel eine teure Rarität). Aber nach wenigen Monaten ging ihm das Geld aus. Genua, das ihn als ernste Bedrohung fürchtete, rief französische Truppen zu Hilfe, und so wurde Theodor Neuhof von der Insel verjagt. Er saß einige Jahre im Londoner Schuldturm und starb völlig verarmt und vergessen.

Theodor Heuss hat dieser kuriosen Randfigur der Geschichte in seinem Buch »Schattenbeschwörung« ein elegantes Kapitel gewidmet. Er hält es mit Recht für einen Treppenwitz der Geschichte, daß Korsika dann umgekehrt hundert Jahre später einen König nach Westfalen schickte – in der Person des Jerome Bonaparte...

Der Adel der Robe

Es gab in Korsika eine hauchdünne Schicht sogenannter »edler« Familien, deren Nobilität und Ansehen weniger auf patentierten Adelsbriefen beruhten als auf Leistungen für die Gemeinschaft und ehrgeizig erworbener Bildung.

Das waren Leute, die keine besonderen Privilegien genossen und von jedem Tagelöhner geduzt wurden. Sie lebten in nur bescheidenem Wohlstand, hatten die Verbindung zur Landwirtschaft und zum Weinbau nie verloren, dienten der Heimat aber ehrenamtlich als Politiker, Richter, Bürgermeister und Advokaten.

Zu diesem kleinen, höchst republikanischen »Adel der Robe« zählten Geschlechter wie die Colonna und Pompejani, die Peraldi, die Bacciochi, Cuneo, Forcioli, die Pozzo di Borgo – und die Buonaparte.

Die Buonaparte – Herkunft und Aufstieg

Letztere, mit dem eindeutig italienischen »u« im Namen, stammten vom Festland, aus der Toskana. Dort ist ein Ritter Hugo im 12. Jahrhundert urkundlich bezeugt. Sein Neffe, der als Ratsherr von Florenz auf kaiserlicher Seite gegen den Papst kämpfte, wählte für sich und seine Nachkommen den Namen »Buona-Parte«, in zwei Worten mit Bindestrich geschrieben, das bedeutete »gute Partei«, eben die Sache des Kaisers. Die Familie wurde später aus Florenz vertrieben und lebte in Sarzana an der ligurischen Küste. Ein gewisser Francois, genannt »il Moro« (der Mohr) spielte dort eine Rolle – worauf sich Napoleon später im Ägyptenfeldzug berief, um den Mamelucken darzutun, er habe auch ein wenig arabisches Blut in den Adern ... Andere Mitglieder der Sippe gingen nach Mailand, woraus nachmals beflissene Genealogen eine Verwandtschaft des Kaisers Napoleon mit den Visconti-Herzögen konstruierten.

Von Sarzana siedelte Francesco Buonaparte im 16. Jahrhundert nach Ajaccio auf Korsika über.

Der Aufstieg des Geschlechts in der neuen Inselheimat war unaufhaltsam, aber nicht steil. Die Buonapartes befaßten sich mit allen möglichen Handels- und gar Bankgeschäften, sie erwarben kleine Land- und Weingüter, trieben Familienpolitik durch Heirat und Patenbeziehung, dienten den Gouverneuren Genuas ebenso wie der korsischen Unabhängigkeitsbewegung – in buntem, oft widersprüchlichem Wechsel.

Ihr öffentliches Prestige war bald gefestigt. Fast immer saßen sie im Inselparlament, im Gericht, in den Gremien der »Alten« und der »Nobili« und im Stadtrat von Ajaccio. Bei den männlichen Mitgliedern der kinderreichen Familie stoßen wir über Jahrhunderte hinweg immer wieder auf die Vornamen Carlo und Lucciano, Giuseppe – und Napoleone.

Wenig bekannt ist bis heute, daß die Mutter des Papstes Nikolaus V. (1447–1455) eine gebürtige Buonaparte war. Sie hatte in Sarzana den Arzt Dottore Parentucelli geheiratet. Der Sohn Tommaso war Lehrer in florentinischen Adelshäusern und verwaltete die Bibliothek des Herzogs Cosimo Medici. Später als Papst hat er die »Bibliotheca Vaticana« gegründet – in der erklärten Absicht, der Römische Stuhl solle auch als Bildungsmacht die Liebe der Völker gewinnen. Erst auf St. Helena erschien es Napoleon opportun, auf diese doch immerhin prominente Verwandtschaftsbeziehung hinzuweisen...

Kardinal Fesch, Stiefschwager von Carlo de Buonaparte

III. Der Sekretär Paolis

Im Zeichen des Widder

Carlo Maria Buonaparte wurde geboren am 27. März 1746, im Zeichen des Widder – und wenn man diesem Sternbild etwa folgende Eigenschaften zuschreibt: Optimismus und unbekümmerte Neugier, Durchsetzungskraft und zähe Beharrlichkeit, unerschütterliches Selbstvertrauen, aber auch die Gabe, sich bei den Mitmenschen beliebt zu machen – dann sind dem Kind Carlo diese Merkmale mit seltener Kompression in die Wiege gelegt worden.

Ein goldener Löffel wurde ihm nicht in den Mund gelegt, aber gewiß war die Familie auch nicht arm. Sein Vater Giuseppe war Bauer, Advokat und Lokalpolitiker. Er besaß das altersgraue, damals zweistöckige Familienhaus in der Via Malerba, der Straße vom schlechten Gewürz oder vom Unkraut, in Ajaccio – der heutigen Rue St. Charles, einer engen finsteren Gasse, in der es auch jetzt noch nicht gut riecht. Unter dem Dach hausten mehrere unbemittelte Vettern und Cousinen. Ihnen wie auch Carlos älterer Schwester Geltruda mußte Giuseppe Unterhalt gewähren. Es gehörten ihm auch zwei Weinberge und einige Äcker im Campo d'Oro vor der Stadt, dem heutigen Flugplatzgelände. Ferner war er Eigentümer eines unfruchtbaren Salzfeldes oder eigentlich eines Sumpfes, der seinem Vorfahren Jerome schon im 16. Jahrhundert als eher karge Dankesgabe für öffentliche Dienste von den Bürgern Ajaccios offeriert worden war. Ein Danaergeschenk! Das

Unternehmen, diesen Sumpf trockenzulegen, sollte den Sohn Carlo später an den Rand des wirtschaftlichen Ruins führen.

Zur Mitgift von Giuseppes Frau, Carlos Mutter Maria Saveria, geborenen Paravicini, zählten auf dem Papier einige Rechtsansprüche, die erst von Carlo teilweise durchgesetzt werden konnten. Der eigentlich »reiche Mann« in der weiteren Familie war Giuseppes Bruder, Carlos geistlicher Onkel Lucciano Buonaparte, Archidiakon in Ajaccio. Der aber pflegte sein Gold unter der Matratze zu verstecken, und man konnte nur sehnsüchtig auf die künftige Erbschaft hoffen, die lange Zeit auf sich warten ließ.

Die Politik ist das Schicksal

Über Carlos Kindheit wissen wir so gut wie nichts – sein eigenes Tagebuch schweigt darüber – umso mehr aber von den politischen und familiären Ereignissen, die sein Kindsein schlagartig beenden sollten.

Am engen korsischen Horizont war – freilich nicht zum ersten Mal – eine neue Festlands-Macht aufgetaucht, für deren Handelsinteressen im Mittelmeer der Besitz der Insel vor der Haustür begehrenswert, ja nötig erschien: das expandierende Frankreich Louis' XV. Es war von Genua schon früher gegen die aufsässigen Korsen, zuletzt gegen König Theodor, zu Hilfe gerufen worden, aber damit hatte man den Wolf zum Hirtenhund gemacht. Frankreich unterstützte nur zum Schein die genuesischen Interessen, verfolgte in Wahrheit aber seine eigenen und wollte nun der absterbenden Republik Genua diese letzte Kolonie entreißen.

In diesem Streit blieben die Korsen keineswegs Objekt, sondern wurden bald eine dritte, kraftvolle Partei. Nie schien ihre gänzliche Unabhängigkeit so nahe gerückt wie jetzt, als sie Zankapfel zwischen zwei so ungleichen Mächten geworden waren.

Diese Entwicklung steuerte ein bedeutender Mann, Pasquale Paoli, der sich 1755 an die Spitze der korsischen Freiheitsbewegung setzte. In wenigen Jahren gelang es ihm, die Genuesen aus dem Inneren der Insel zu vertreiben; sie hielten sich mit französischer Truppenhilfe nur noch in einigen Küstenstädten wie Ajaccio und Calvi. Paoli hoffte, sich auch gegenüber Frankreich behaupten zu können. Sein Ruf als Feldherr, politischer Reformator und Volksführer drang weit über die Meere, man verherrlichte ihn in England, ja in Amerika, und Preussens Großer Friedrich dedizierte ihm einen Ehrensäbel.

Paoli, dessen Vater eine Art Chefminister im kurzlebigen Königreich des Baron Neuhof gewesen war, gab Korsika eine richtige demokratische Verfassung, erneuerte die Justiz, baute Straßen, bekämpfte das Banditentum und die Vendetta. Er residierte in Corte, wo ihm die kleine Hochschule, sein eigenes wichtigstes Werk, besonders am Herzen lag.

Dieser Staatsmann wurde der erste Gönner und Förderer unseres jungen Carlo Buonaparte. 1760, als Carlo 14 Jahre alt war, starb sein Vater. Um das Halbwaisenkind kümmerte sich, wie es in Korsika üblich ist, der Onkel. Archidiakon Lucciano Buonaparte hatte dem Neffen schon intensiven Privatunterricht erteilt und schickte ihn nun nach Corte – ins Herz Korsikas, zur dortigen Ausbildung in den »Humaniora«, in den Wirkungskreis des großen Paoli, den alle patriotischen Korsen ihren »Babbu«, den Vater, nannten – obwohl er auch erst 34 Jahre alt war.

Carlo sah den »Babbu« jeden Abend auf dem Marktplatz von Corte umhergehen, gestiefelt und gespornt, Plutarch und Tacitus zitierend, seine Männer ermunternd und anfeuernd ... das imponierte ihm mächtig.

Student in Pisa

Carlo muß früh durch Intelligenz und Fleiß die Aufmerksamkeit Paolis erregt haben. Man darf sich die Hochschule von Corte nicht als eine komplette Universität vorstellen, sie hatte keine eigentlichen Fakultäten mit Promotionsrecht, war eher ein erweitertes humanistisches Gymnasium. Wer zu höherer fachlicher Bildung oder doch deren Nachweis strebte, mußte immer noch eine italienische Festlands-Universität aufsuchen.

So schickte Archidiakon Buonaparte auf persönliches Anraten des »Babbu« schon zwei Jahre später, 1762, seinen Neffen zur Universität in Pisa. Mit 16 Jahren begann Carlo dort das Studium der Rechte. Er vervollkommnete seine Kenntnis des Latein und des Italienischen, lernte auch gutes Französisch und sogar ein wenig Griechisch.

Man sagte der Universität Pisa damals nach, ihre akademischen Grade seien so leicht zu erringen, daß selbst die Gastwirte der Toskana mit ihren Doktorhüten herumliefen. Carlo deshalb, wie es geschehen ist, zu tadeln, weil er nach zwei weiteren Jahren diesen Hut noch nicht erworben hatte, wäre höchst ungerecht. So schnell ging es auch in Pisa nicht, und immerhin war Carlo erst 18 Jahre alt, als er 1764 seine Studien unterbrach und nach Korsika zurückkehrte.

Dafür gab es zwei ebenso wichtige wie ehrenhafte Gründe, wieder einen familiären und einen politischen.

Heirat mit Letizia

Während einiger Ferienbesuche bei Mutter und Onkel hatte Carlo ein Mädchen kennen und lieben gelernt, die erst 14-jährige, kaum mehr als anderthalb Meter große, aber bildschöne, schwarzhaarige Letizia Ramolino. Sie stammte aus einer Familie, die vor Jahrhunderten aus der Lombardei eingewandert war und der gleichen Gesellschaftsschicht angehörte wie die Buonaparte. Auch Letizia hatte früh den Vater verloren, und wie Carlo verfügte sie über einen geistlichen Onkel, einen Kanonikus des Domkapitels, der ihren Lebensweg weise vorausplante. Beide Prälaten, der Buonaparte und der Ramolino, setzten sich bedächtig zusammen, als die Heiratsabsichten vom Neffen des einen und er Nichte des anderen ruchbar wurden – und, wie Biograph Versini meint, »zwischen zwei Ave Maria wurde der Ehehandel geschlossen«.

Am 2. Juni 1764 läuteten die Hochzeitsglocken im »Duomo«, der kleinen Kathedrale von Ajaccio. Es war zwar nicht Seine Exzellenz der Bischof persönlich, der die Brautleute zusammengab, denn so berühmt waren sie noch nicht, aber es wurde trotzdem eine große, erinnerungswürdige Hochzeit, denn so viel galten sie damals doch schon – und jedenfalls zelebrierten zwei familieneigene hohe Kleriker am Altar.

Über vier Dutzend Verwandte des jungen Paares strömten zusammen. Sie waren, festlich geputzt und mit schwarzen Kniehosen bekleidet, mit Geschenken beladen, aus ihren Bergdörfern herabgestiegen, wo sie auf die Honoratioren des Städtchens trafen. Man ehrte die Brautleute, gab sich selbst die Ehre, sah und wurde gesehen. Nach Hochamt und Ringwechsel setzte sich der Festzug durch die Straßen Ajaccios in Bewegung. Aus den Fenstern der anliegenden Häuser schüttete man Reiskörner mit vollen Händen über Letizia und Carlo, dazu erscholl vielstimmig der Segensruf: ,,Bona futura e figli maschi« – gutes Glück und viele Kinder.

Unter freiem Himmel hatte der Onkel Archidiakon die Tafeln für mehr als hundert Menschen decken lassen. Trotz der mageren Zeiten, in denen die Korsen wieder einmal (wie fast ständig) lebten, wurde mit Fleisch, Wein und süßem Gebäck nicht gespart. Am Abend zog sich das Ehepaar in die Via Malerba zurück, und junge Musikanten spielten eine Serenade auf der kleinen viereckigen Piazza vor dem Haus. Die Gäste feierten weiter bis zum Morgengrauen, doch einige waren schon selig unter den Tisch gesunken – so Carlos zweiter Onkel, namens Napoleon, und Letizias Halbonkel Fesch, der Vater ihres Stiefbruders, des späteren Kardinals...

Letizias Mitgift bestand aus einem Appartement in Macello, einer Wohnung in Santa Catalina, einem Weinberg in Vitullo, einer Kornmühle und einem großen Ofen zum Brotbacken sowie einer Landparzelle in Torre Vecchia – alles in oder nahe bei Ajaccio gelegen. Zusammen mit Carlos väterlichem Erbteil ergab das, wie die Franzosen so hübsch sagen, »une belle corbeille de noces«, einen schönen Hochzeitskorb.

Die Ehe wurde glücklich, obwohl die Brautleute in Charakter und Temperament so verschieden waren, wie man es sich nur vorstellen kann. Letizia war von ernstem und strengem Wesen, verschlossen, vorsichtig und mißtrauisch, dem Spaßvergnügen wenig zugeneigt, von starker Frömmigkeit, aber kaum von geistigen Interessen beseelt. In allem war Carlo so ziemlich das genaue Gegenteil. Trotzdem, die Gegensätze scheinen sich angezogen, wohl auch ein wenig ausgeglichen zu haben – und das für die gesamte Dauer dieser Ehe, die immerhin 21 Jahre bestanden hat.

Im Materiellen schien die kleine Welt der Buonaparte-Ramolino ordentlich angelegt zu sein. Für Mehl und Salz, für Obst, Wein und Öl würde man nie zu zahlen haben, weil man das alles vom eigenen Land gewinnen konnte. Und man würde zwar nicht luxuriös, aber doch standesgemäß und sorgenfrei leben können – vorausgesetzt, die Kinder kämen nicht allzu zahlreich und nicht in so dichter Reihenfolge, wie sie dann tatsächlich doch gekommen sind.

Beim »General der Nation«

Vorerst allerdings war zu geruhsamer Eheführung keine Zeit, denn Carlo war noch aus einem anderen Grund heimgekehrt. Der »Babbu« Pasquale Paoli – inzwischen als Staatschef von seinen Korsen zum »General der Nation« ernannt – wollte ihn als juristischen Berater in seiner Nähe haben. Schon im ersten Jahr nach der Heirat pendelte Carlo ständig zwischen der Familienwohnung in Ajaccio und Paolis Regierungssitz Corte hin und her.

Dem genuesischen Statthalter in Ajaccio war das nicht geheuer. Er berichtete nach Hause: »Es treibt sich hier ein gewisser Signor Buonaparte herum, den ich mit einiger Sicherheit für einen Spion des Generals Paoli halte. Solche Leute stiften nur Unruhe, und ich könnte von heute auf morgen nicht mehr in der Lage sein, Ruhe und Frieden zu halten.« Einige Monate später wurde er noch dringlicher: »Der Signor Buonaparte ist wieder angekommen. Er redet und verhandelt mit allen möglichen Leuten, ohne daß ich davon Kenntnis habe. Vermutlich will er den Einwohnern politisch die Köpfe verdrehen. Es wäre gut, wenn ich in die Lage versetzt würde, diesen Herrn aus der Stadt zu entfernen!«

Der Genuese dürfte allen Anlaß gehabt haben, Carlo zu fürchten. Dieser predigte in der Tat nicht nur den Städtern jene freiheitliche Gesinnung, wie sie die Bergbewohner schon hegten, sondern er hat auch an Paolis Verfassung für Korsika wesentlich mitgearbeitet.

Dies waren ihre Grundzüge: Der Volkswille äußert sich in freier, allgemeiner Wahl. Je tausend Bürger wählen einen Abgeordneten, der mindestens 25 Jahre alt sein muß, zur Consulta, dem Inselparlament, das sich ein oder zwei Mal pro Jahr versammelt. Es beschließt die Gesetze, wählt den »General der Nation« (als Staatsoberhaupt, Chef der Exekutive und militärischen Oberbefehlshaber), die neun Mitglieder des »Consiglio Supremo« und die vier »Sindacos« – das sind Inspektions-Bevollmächtigte, die ständig Korsika bereisen und Beschwerden der Bürger nachgehen, ihnen auch nach Möglichkeit abhelfen. Im »Consiglio Supremo«, gewählt von der Consulta, ist jede der neun Provinzen durch einen Staatsrat (Consigliere) vertreten. Dieses Gremium hat, unter Leitung des »Generals der Nation«, drei Abteilungen: Justiz, Krieg und Finanzen; damit wirkt es als Ministerium. Es beruft die Consulta ein und legt ihr alljährlich einen »Bericht zur Lage der Nation« vor. Die korsischen Gemeinden wählen selbst ihre Bürgermeister und die »Capitanos«, die örtlichen Hauptleute der Miliz-Armee. Die Gerichtsbarkeit war im Prinzip dreistufig organisiert. In jeder Gemeinde war der Bürgermeister (»Podestà«) zugleich Richter für zivilistische Bagatellsachen und strafrechtliche Übertretungen. Jede Provinz hatte ein Kollegialgericht, das für Zivilsachen aus drei Richtern bestand und für Strafsachen zusätzlich mit fünf Geschworenen beschickt wurde. Als Appellationsgericht fungierte die »Rota«, bestehend aus drei unabsetzbaren, juristisch ausgebildeten Berufsrichtern.

Paoli war kein Jurist – und diese Konstitution zeigt deutlich die Handschrift des einzigen Juristen seiner Umgebung, eben des Carlo Buonaparte. Er hat das neue Prinzip der Gewaltenteilung noch nicht völlig durchgeführt, aber für damalige Begriffe war das schon eine höchst fortschrittliche Verfassung, die außerhalb Korsikas Aufsehen, Erstaunen, ja Bewunderung erregte.

Erste Staatsämter

Als Carlo knapp 20 Jahre alt war, ernannte Paoli ihn zu seinem ständigen Sekretär. Das war eine hohe Auszeichnung für den blutjungen Rechtskandidaten. Er siedelte von Ajaccio, wo ihm der Boden ohnehin zu heiß wurde, mit Letizia nach Corte über. Dort wohnte er in einem großen gelben Haus gegenüber der Kirche, das heute noch steht, bezeichnenderweise aber nur als »Geburtshaus von Joseph Bonaparte« beschildert ist; es zeugt von kriegerischen Auseinandersetzungen und weist zahlreiche Einschuß-Löcher auf; man weiß nicht recht, ob sie erst aus dem Zweiten Weltkrieg oder noch vom korsischen Freiheitskampf früherer Jahrhunderte stammen, aber das erscheint den Korsen, die sich zur Einheit ihrer Geschichte bekennen, selbst nicht so wichtig. Das Haus hatte einst dem Nationalhelden Pietro Gaffori gehört, der auf genuesische Anstiftung hin ermordet worden war. Es ging dann ins Eigentum eines Herrn Tommaso de Casanova über, und der war wiederum ein Letizia-Onkel, der sein Anwesen gastfrei dem jungen Paar zur Verfügung stellte – zum

Dank dafür hat Napoleon später den Casanova-Sohn zum Herzog von Padua befördert.

Das Amt, das Carlo nun antrat, war keine Schreiberfunktion, sondern entsprach nach heutigen Begriffen eher der Stellung eines Chefs der Staatskanzlei – gewiß in der Miniatur eines nur staatsähnlichen Gebildes, eigentlich einer Guerilla-Regierung, aber doch arbeitsintensiv, lehr- und einflußreich. Carlo gewann Einblick in alle Sparten der Verwaltung, der Justiz, des Militärwesens, schärfte seinen Sinn für Diplomatie, lernte alle wichtigen Patrioten kennen und knüpfte wertvolle Freundschaften.

Paoli entsandte ihn als Sonderbotschafter nach Rom, wo es ihm gelang, den Papst zur Anerkennung der korsischen Unabhängigkeit von Genua zu bewegen – eine Leistung, die um so höher zu würdigen war, als sie gegen den Widerstand sämtlicher fünf korsischen Bischöfe erreicht wurde. Es erscheint höchst lächerlich, wenn man ihm ankreiden will, daß er während des mehrwöchigen Aufenthalts in Rom seine gesamten Spesen verbraucht hatte und sich das Geld für die Rückreise vom Leibarzt des Papstes, seinem korsischen Landsmann Saliceti, leihen mußte. Was wiegt das gegenüber dem Erfolg seiner diplomatischen Mission?

Als Carlo heimkehrte, waren jedenfalls alle korsischen Patrioten davon überzeugt, daß Paoli, dessen rechte Hand er schon war, ihn eines Tages zu seinem Nachfolger und politischen Erben berufen werden.

Aber es sollte ganz anders kommen.

IV. Karriere in Krieg und Frieden

Korsika wird verkauft

Immer mehr litt die Republik Genua an Alters- und Führungsschwäche. Das Vakuum, das sie auf Korsika hinterließ, wurde zunehmend von Frankreich ausgefüllt. Die einst so stolze »Superba« wäre schon zufrieden gewesen, wenn sie nur die nominelle Oberhoheit über die Insel, vielleicht auch ein paar Handelsstützpunkte, behalten hätte. Paoli, dem insoweit Carlo Buonaparte zur Nachgiebigkeit geraten hatte, sah sich durch die eigene Verfassung gehindert, einem Kompromiß zuzustimmen. Erst recht ließ König Louis XV. sich darauf nicht ein. Er wollte Korsika, faktisch und auf dem Papier, ungeteilt und unbeschränkt, als Bestandteil des französischen Staates. Sein Außenminister Choiseul führte zähe Verhandlungen mit dem genuesischen Dogen über die Abtretung Korsikas – und saß am längeren Hebel, weil er jederzeit mit militärischer Macht drohen konnte.

Schließlich war Genua der widerborstigen Korsen und des französischen Übergewichts müde geworden. Es verkaufte am 15. Mai 1768 im Vertrag von Versailles – schon damals ein beliebter Konferenzplatz – die Insel für zwei Millionen Livres, nach heutiger Kaufkraft etwas mehr als sechs Millionen Mark, an den König von Frankreich.

Einige Monate vorher war Carlos und Letizias drittes Kind geboren worden – das erste, das am Leben blieb, nachdem schon zwei Kinder kurz nach der Geburt gestorben waren: der Sohn Giuseppe, den sein Bruder Napoleon später auf die Königsthrone von Neapel und von Spanien gesetzt hat. Dieser Joseph war das einzige Kind der Buonapartes, das in Corte und noch nicht als französischer Untertan geboren wurde.

Krieg mit Frankreich

Die Franzosen landeten mit der Kriegsflotte und einem Expeditionskorps an allen wichtigen Punkten der korsischen Küste, um ihre erkaufte Souveränität durchzusetzen. Durch Korsika ging ein Sturm der Entrüstung. Paoli rief wieder zu den Waffen, diesmal gegen die französischen Okkupanten. Carlo Buonaparte war es, der als glänzender Redner in den Volksversammlungen, landauf und landab, leidenschaftlich für den Widerstand warb. Folgende Rede, gehalten am 22. Mai 1768 vor der Consulta in Corte, ist erhalten geblieben:

»Der Augenblick der Wahrheit ist gekommen. Wenn wir uns dem Sturm, der sich unseren Küsten nähert, nicht entgegenstemmen, wird es das Ende unseres Namens und unseres Ruhmes bedeuten. Vergeblich hätten wir dann so viele Beispiele des Heldentums gegeben, und die Vorväter hätten umsonst ihre Tränen und ihr Blut vergossen. Zwar können wir kaum glauben, daß der König von Frankreich, der doch weiß, wie berechtigt unsere Beschwerden sind, dem bösen Vorbild der Republik Genua folgen und uns vernichten will. Aber wenn es denn wahr ist, daß der mächtigste Herrscher des Kontinents dieses kleinste Volk der Welt auslöschen will, dann haben wir allen Grund, uns zu ermannen – und notfalls so ruhmreich zu sterben, wie wir gelebt haben.«

Carlo fuhr fort: »Menschen, die ihr Leben riskiert haben, um den ungerechten Ansprüchen Genuas zu widerstehen – sollten sie jetzt zögern, die Interessen ihrer Kinder und ihre eigenen gegen Frankreich zu verteidigen? Für uns spricht das geheiligte Recht unserer Ahnen. Unser Mut wird uns nicht erlauben, den Verlust der Freiheit zu überleben. Erheben wir uns, und beweisen wir dem Feind, daß sein Unternehmen kein bequemer Spaziergang ist!«

Am Schluß dieser bemerkenswerten, mit donnerndem Beifall aufgenommenen Rede sagte Carlo: »Wenn man die Freiheit mit dem bloßen Wunsch erringen könnte, wäre jedermann frei, aber jene unerschütterliche Liebe zur Freiheit, die alle Widrigkeiten überwindet und sich nicht auf den bloßen Schein, sondern auf Tatsachen gründet, die ist selten bei Menschen zu finden. Wahrhaft groß, ja ein Übermensch, ist nur jener, der von solcher Liebe ergriffen ist.«

Carlo selbst war davon überzeugt, denn er ließ den schönen Worten auch die Tat folgen. Er zog Räuberzivil an, ging in die Macchia (»ins Maquis«, wie die Franzosen selbst später sagten) und befehligte als »Capitano« eine Kompanie der korsischen Résistance.

Letizia – den kleinen Joseph auf dem Arm, den ungeborenen Napoleon schon unter dem Herzen – hat ihn begleitet, und auch ihr pfiffen die Kugeln bald um die Ohren. Man mag sie deshalb gern als »Heldenmutter« verehren. Nur freilich – erstens konnte sie als Frau eines prominenten Partisanen weder in Corte bleiben noch nach Ajaccio zurückkehren, da standen die Franzosen schon vor der Haustür; und zweitens war es nun einmal unerbittliche korsische Tradition, daß auch eine schwangere Ehefrau im Notfall nur eine Pflicht hat: ihrem Mann die Flinte zu laden und sein Schicksal im Kampf zu teilen.

Zunächst ließ sich der Krieg für die Korsen erfolgreich an. Die französischen Truppen, anfangs leichtsinnig und auf keinen ernsthaften Widerstand gefaßt, wurden mehrfach überraschend in den Flanken gepackt und in kleineren Scharmützeln geschlagen. Bei einem Angriff auf Borgo machte Carlo Buonaparte mit seinen Männern über 500 Gefangene. Er erzwang vom französischen Oberkommandierenden Chauvelin einen Waffenstillstand, der bis in den Winter 1768 dauerte. Chauvelin berichtete seinem König, die Korsen kämpften wie die Löwen und könnten nur mit einem sehr großen Heer besiegt werden.

Ein solches Heer – 45 Bataillone Infanterie, mehrere Geschützbatterien und drei Kavallerie-Regimenter – landete im Frühjahr 1769. Die Korsen schlugen sich mit verzweifelter Courage, aber mit ihrer altmodischen, nur aus Flinten und Messern bestehenden Bewaffnung konnten sie gegen die wohlgerüsteten, von Berufsoffizieren geführten französischen Truppen wenig ausrichten. Sie hatten keine Kanonen und weder Hospitäler noch Feldärzte, ihre Verwundeten starben zu Hunderten unter freiem Himmel, Seuchen und schwere Hungersnot breiteten sich aus.

Bei Calenzana und Ponte-Novo am Golo-Fluß wurden die Korsen, die unter persönlicher Führung Paolis kämpften, vernichtend geschlagen. Unter den Opfern war auch Carlos Onkel Napoleon. Ein Franzose, der nach dem Kampf das Schlachtfeld rekognoszierte, hat Szenen von homerischer Tragik beschrieben. Er fragte die korsischen Verwundeten: »Wo sind Eure Ärzte?« – »Wir haben keine.« – »Wo sind Eure Offiziere?« – »Die sind gefallen.« – »Was wird dann aus Euch?« – »Wir sterben auch.«

Carlo selbst rüstete sich mit einer kleinen Truppe Überlebender, von Letizia und anderen Frauen begleitet, zum Endkampf auf Korsikas zweithöchstem Berg, dem Monte

Rotondo. Seinen letzten Gefechtsstand, eine Felshöhle, kann man heute noch sehen (wiederum aber muß man nach Letizia fragen, wenn man sie suchen will). Einige Wochen hielt er unter schwierigsten Bedingungen durch; zu Anfang Mai war es im Hochgebirge noch eiskalt, und Feuer durfte nicht angezündet werden, um die Stellung nicht dem Feind zu verraten.

Am 23. Mai 1769 wurde ein französischer Parlamentär mit weißer Fahne zu Carlo geführt. Er überbrachte eine Einladung nach Corte, zum neuen französischen Kommandierenden, Comte de Vaux. Nach einigem Zögern ging Carlo – zerfetzt, hungrig und abgerissen, wie er war – dorthin und wurde von dem höflichen Aristokraten aufs schmeichelhafteste empfangen. Man lobte seine Tapferkeit, beließ ihm seine Waffen und appellierte an seine Vernunft.

Die Kapitulation

Graf Vaux hatte die Korsen bereits öffentlich zur ehrenvollen Übergabe aufgefordert, und was dies bedeuten sollte, erläuterte er nun auch Carlo: Es sei nicht die Absicht seines Königs, die Freiheit der Korsen zu unterdrücken, wie Genua es getan hätte. Die Einrichtungen, die Sitten und die Lebensweise der Korsen sollten erhalten bleiben, ihr Wohlstand sollte sich mehren, und die korsische Identität werde allzeit geschützt sein.

Man muß dem Ancien Régime bescheinigen, daß diese Versprechungen in ihren Substanz bis zur großen Revolution, zwanzig Jahre später, gehalten worden sind.

Als Zeichen seines guten Willens überreichte Graf Vaux dem tapferen Gegner einen Passierschein nach Ajaccio, verbunden mit der Erlaubnis, dort sein beschlagnahmtes Haus wieder in Besitz nehmen zu dürfen. Mit einiger Verwirrung kehrte Carlo vorerst zu seiner Truppe zurück – Stoff zum Nachdenken hatte er wohl genug. Der lebenskluge Onkel Archidiakon soll ihm nach einigen Berichten beim Nachdenken geholfen und auch den Ausschlag für seine Entscheidung gegeben haben; aber genau wissen wir das nicht.

War es Verrat?

Paoli selbst traut den Zusagen der Franzosen nicht. Er begibt sich mit wenigen Begleitern, von Bastia aus, zu Schiff nach England ins Exil. Carlo Buonaparte ist nicht unter diesen Begleitern (sonst wäre Napoleon in London als Korse zur Welt gekommen).

Wie denkt Carlo? Paolis Entscheidung enttäuscht ihn. Der Mann, dem er alles zu verdanken hat, dessen Berater, Botschafter und Offizier er war, wählt – in seinen Augen leichtfertig – die bequeme Emigration, statt als »Babbu« auf seinem Posten zu bleiben und den Patrioten in der Heimat zu helfen, das Beste aus ihrer Lage zu machen. Der Widerstand, den man der sterbenden Republik Genua entgegengesetzt hat, kann gegen die europäische Großmacht Frankreich nicht mehr sinnvoll geleistet werden. Der Papst würde nicht helfen können, England ist weit weg, will sich wohl auch mit Frankreich jetzt nicht anlegen, der Große Friedrich von Preußen hat anderweitig die Hände voll zu tun, den Türkensultan oder den Bey von Tunis (mit dem Paoli tatsächlich diplomatische Beziehungen unterhielt) kann man aus Gründen der Selbstachtung nicht gegen eine christliche Macht anrufen – und der Rest der Welt, einschließlich der Vereinigten Staaten von Amerika, hat nur leere Worte der Bewunderung für die dezimierten, hungernden und frierenden Freiheitskämpfer auf der entlegenen Insel übrig.

Ja, wenn man »die Freiheit mit dem bloßen Wunsch erringen könnte«, wie Carlo selbst gesagt hatte! Auch er kann das nicht, er hat mutig gekämpft und verloren. Sterben, um der Sklaverei zu entgehen? Gewiß, das hat er den Korsen gepredigt. Aber alle Anzeichen deuten darauf hin, daß man keineswegs versklavt leben müßte. Es öffnen sich neue Perspektiven. Politische Selbständigkeit ist nicht möglich, doch Kolonie wird Korsika auch nicht mehr sein – man würde ein neues, größeres Vaterland gewinnen, in Gleichberechtigung mit allen Franzosen.

So sagt Carlo in seiner letzten Ansprache vor den Resten der korsischen Truppen: »Unsere Unabhängigkeit ist verloren. Wir können nichts Besseres erhoffen, als unter dem Schatten der (französischen) Lilien zu leben. Wir werden stolz darauf sein, der ersten Nation der Welt anzugehören – und wie wir gute und treue Korsen waren, so werden wir jetzt gute und treue Franzosen sein. Ich selbst bin ein guter Patriot und Paolist gewesen, solange die nationale Regierung bestand. Aber diese Regierung existiert nicht mehr. Der Babbu hat uns verlassen. Wir sind Franzosen geworden – evviva il Rè e suo governo!«

Es lebe der König und seine Regierung – er ruft es in italienischer Sprache, obwohl er als einer von wenigen Korsen auch die französische (die nun Korsikas Amtssprache sein wird) schon perfekt beherrscht.

Dann steigt er aus den Bergen herab, ergibt sich dem französischen Befehlshaber, nimmt gelassen ein Bad und bietet dem neuen Regime seine Dienste an.

Die führenden Franzosen, mit denen er es von jetzt an zu tun bekam, dachten und handelten nicht anders als der belgische König Albert, der nach dem Ersten Weltkrieg, im Jahre 1922, folgende bemerkenswerte Proklamation erließ: »Ich bitte alle Behörden des Königreichs, vor allem der Provinz Lüttich, unsere neuen Landsleute in den von Deutschland abgetretenen Kantonen Eupen, St. Vith und Malmédy mit besonderer Rücksicht, ja mit Liebe zu behandeln. Ihnen wurde das Schwerste abverlangt, was Menschen zugemutet werden kann: sie mußten das Vaterland wechseln.«

Changer la patrie – man muß darüber nachdenken. Carlo hat sich seine Entscheidung gewiß nicht leicht gemacht, mag sie nun von familiären Rücksichten beeinflußt worden sein oder nicht. Historisch gesehen war sie die einzig richtige. Die weitaus überwiegende Mehrzahl der korsischen Patrioten folgte damals Carlos Beispiel und Vorbild. Nur wenige der »edlen« Familien, insbesondere die Pozzo di Borgo, zogen sich grollend zurück, verweigerten ihre Mitarbeit am Neuaufbau und träumten weiter von der Chimäre eines eigenen korsischen Staates.

Daß Carlo Buonaparte es war, der seine Heimat Frankreich zuführte und in Frankreich aufgehen ließ, daran sollte man sich heute gerade in Frankreich nachhaltiger erinnern; und auch realistisch denkende Korsen sollten erwägen, ob dieser Mann es verdient hat, als Verräter beschimpft zu werden.

Am 15. August 1769 wurde Napoleon geboren, korsisch »Nabulione« oder »Napolioni« genannt, später auch mit dem Spitznamen »Paille au nez« (Strohhalm in der Nase) belegt – geboren als Franzose in Ajaccio, in der Via Malerba, wie alle seine folgenden Brüder und Schwestern. Mutter Letizia hatte an diesem Tag, dem Hochfest Mariä Himmelfahrt, die Messe im Dom besucht und konnte vor der Geburt die wenigen Schritte zum Haus in der Via Malerba gerade noch rechtzeitig zurücklegen.

Seinen Namen erhielt Napoleon zur Erinnerung an den im Freiheitskrieg gefallenen Großonkel. Getauft wurde er natürlich vom geistlichen Großonkel, dem Archidiakon. Tante Geltruda, Carlos Schwester, und der Staatsanwalt von Calvi, ein heute vergessener Herr namens Lorenzo Giubica, wurden Taufpaten. Nüchtern und knapp verzeichnet das Kirchenbuch von Notre-Dame de Ajaccio: »Der Vater, Signor Carlo Buonaparte, war bei der Taufe anwesend.«

Einen Heiligen namens Napoleon gab es im katholischen Kalender keineswegs. Als der Namensträger später berühmt wurde, ließ sich freilich eine passende Figur im frühen Mittelalter entdecken, ein Ägypter, der unter Kaiser Diokletian das Martyrium erlitten haben soll, und Papst Pius VII. hat dann der französischen Kirche erlaubt, ein regionales »Fest des heiligen Napoleon« just am 15. August zu feiern.

Das neue Vaterland Frankreich hat 1769 von der Geburt keine Notiz genommen. Den Franzosen erschienen in jenem Jahr zwei andere Ereignisse viel wichtiger: Erstens hatte der alternde König Louis XV. seine letzte Geliebte, die Marquise du Barry, in den Rang einer »Maitresse en titre« erhoben, und zweitens war ein gewisser Comte de Bougainville von einer Weltumseglung als erster Franzose glorreich zurückgekehrt ... die nach ihm benannten Blumen erinnern heute noch an ihn.

Der pisanische Doktorhut

Der Vater Carlo, dem Napoleon seine französische Staatsangehörigkeit verdankt, begnügt sich nicht damit, ein Rechtskundiger ohne Abschluß zu bleiben, sich dem Weinbau und der lokalen Kirchturmpolitik zu widmen.

Wenn man bedenkt, daß er in jungen Jahren hohe Ämter bekleidet und sich als Offizier ausgezeichnet hat, so steht er eigentlich schon vor den Trümmern einer Karriere, bevor sie noch recht begonnen hat. Er will als Jurist praktizieren, und im paolistischen Korsika wäre das für einen verdienten Mann wie ihn auch ohne weiteres möglich gewesen. Aber die Zeiten des Drunter und Drüber sind vorbei, eine neue Ordnung ist eingezogen; die französische Justiz fordert unerbittlich ein abgeschlossenes Studium für die Ausübung juristischer Berufe. Und wie stets die besten Überlebenden einer Generation wieder ganz von vorn anfangen, wenn ihr Volk einen Krieg verloren hat, so tut dies auch Carlo.

Gleich nach Napoleons Geburt verabschiedet er sich wieder von Letizia und fährt erneut nach Pisa, um seine Studien zu beenden. Nun geht alles in Windeseile. Binnen weniger Monate klopft er eine Dissertation zusammen über »Gültigkeitsvoraussetzungen der kirchlichen Eheschließung«. Ein Meisterwerk war das wohl nicht, aber schon am 30. November 1769 empfängt er den Doktorhut der Rechtsfakultät und wird im »Libro dei Dottorati« der

Universität eingetragen als »il Signor Carlo, figlio del Signor Giuseppe Buonaparte, Nobile Patrizio Fiorentino, di Ajaccio«. Damit setzt er würdig die Familientradition fort; er ist, nachdem 1633 einer den Anfang gemacht hatte, der vierzehnte Buonaparte mit pisanischem Doktortitel.

Allzeit gute Figur machen!

Triumphierend fährt er nach Hause. Der akademische Glanz muß gebührend im Kreis der Verwandten und Freunde gefeiert werden, und 6.000 Livres, fast 20.000 Mark, läßt Carlo sich das kosten. Wieder heben die Kritiker nörgelnd den Zeigefinger und finden, das sei eine maßlos übertriebene Ausgabe des frischgebackenen Doctor juris gewesen.

Aber die Familie stammt aus der Toskana, und auch auf Korsika lebt Carlo in einem mediterranen Land, in dem die Spuren der Renaissance noch leuchtend erhalten sind. Der Mensch, unter dieser Sonne gereift, ist eine unvergleichliche Spezies – besessen von der Liebe zum Ruhm und vom Sinn für die Schönheit, von Mut und von Narretei, aber auch von Ungeduld und großer Heftigkeit. Ein solcher Mensch ist Carlo. Von ihm gilt, was Curzio Malaparte über seine Landsleute, die »maledetti toscani«, geschrieben hat: »Sie lachen, wenn andere heulen. Aber wenn andere lachen, sehen sie ihnen schweigend ins Gesicht, bis jenen das Lachen vergeht. Wenn sie kniend beten, so sieht das aus, als ständen sie mit gebeugten Beinen – und in die Hölle gehen sie nur, um ihr Wasser abzuschlagen.«

In diesen Regionen gilt auch nicht der Satz vom »mehr sein als scheinen« (wenn er denn jemals irgendwo gegolten hat). Hier zeigt man, was man ist und was man hat, hier haut man im wörtlichen Sinn auf die Pauke, stellt das eigene Licht nicht unter den Scheffel, auch wenn man sich einmal krummlegen muß dafür. Es gilt das Prinzip des »fare bella figura«, allzeit Staat machen, ein Leben für die Galerie zu führen, nichts für wichtiger zu halten als Großzügigkeit und gute Manieren.

Diesen Grundsatz hat Carlo bis zu seinem Tode beherzigt, für sich, aber ebenso im Interesse der Familie. Er war kein Genie, dem man Untertreibungen, Grobheit und karges Benehmen verziehen hätte, wie man das alles seinem Sohn Napoleon später nachsehen mußte. Damit hätte Carlo es nicht weit gebracht. Er hat seine Kinder gelehrt, es sei besser, zu Zeiten Hunger zu leiden, aber nie auf schöne Kleider, gute Pferde, anständige Wohnung und heitere Repräsentation zu verzichten.

Repräsentieren muß man, das erkennt Carlo mit wachem Instinkt, nicht nur gegenüber den eigenen Landsleuten (die kennen einen, und man kann ihnen ohnehin nichts vormachen), sondern mehr noch im Hinblick auf die neuen Herren Korsikas, die Franzosen. Ihnen gilt es zu zeigen, daß man kein bäuerischer Hinterwäldler ist, sondern ebenbürtig mit ihnen in Lebensart und Lebenskunst – ein Kulturmensch, ein Franzose wie sie selber.

Carlo zieht die Robe an

Kaum ist die dreitägige Doktorfeier mit Wein und Gesang vorüber, da marschiert Carlo zum neu installierten königlichen Gericht erster Instanz in Ajaccio und läßt sich als Rechtsanwalt einschreiben. Am 11. Dezember 1769 leistet er vor der Justizabteilung des »Consiglio Supremo« – jetzt

»Conseil Supérieur de Corse« genannt und nach Bastia verlegt – den Eid eines französischen Advokaten.

Er eröffnet in Ajaccio eine Anwaltspraxis, die bald floriert. Das will etwas heißen, denn die Konkurrenz ist groß, weil die Advokatur überbesetzt ist – die Juristen treten sich gegenseitig auf die Füße. In der kleinen Stadt, die damals nur 4.000 Einwohner zählt, gibt es zwanzig Rechtsanwälte, einen pro zweihundert Köpfe der Bevölkerung. Aber Carlo ist ja nun schon ein bekannter Mann, dessen Rat und Rechtsvertretung eifrig gesucht wird. Seinen ersten erfolgreichen Zivilprozeß führt er für die Gebrüder Cervotti in einer kniffligen Mietsache.

Wieder im Staatsdienst

Allerdings will Carlo nicht Privatmann bleiben. Sein ehrgeiziges Pflichtbewußtsein und sein Bestreben, dem französischen Korsika zu dienen, bringen ihn bald weiter. So macht er von der – nach damaligem französischen Recht bestehenden – Möglichkeit Gebrauch, sich neben seiner freiberuflichen Anwaltstätigkeit fallweise als Gehilfe und Vertreter (Substitut) des königlichen Staatsanwalts verwenden zu lassen.

Diesem Einsatz gibt er ersichtlich den Vorzug. Erstmals vertritt er zu Anfang 1770 die Anklage gegen einen Korsen namens Marcantonio Tavera, der die 16-jährige Maddalena Capponi vergewaltigt hat. Er beantragt eine neunjährige Galeerenstrafe, die auch verhängt wird. Insgesamt hat er in diesem Jahr achtundsechzigmal vor dem königlichen Richter in Ajaccio als Staatsanwalt plädiert – eine erhebliche Arbeitslast, wenn man bedenkt, daß er außerdem noch Prozesse als Advokat für seine Mandanten führt.

Nur ein weiteres Jahr muß Carlo noch warten, dann werden in den neugegliederten zehn korsischen Gerichtssprengeln mehrere Stellen für beisitzende Richter geschaffen. Sie sollen – meist unter Vorsitz eines Festland-Franzosen, aber doch mit diesem gleichberechtigt – vorwiegend in Strafsachen mitwirken, in denen eine Dreimann-Besetzung der Richterbank vorgeschrieben ist. Carlo bewirbt sich um eine solche Stelle. Am 10. Mai 1771 wird ihm ein Posten als »Assesseur« bei der Kriminalabteilung des Tribunals in Ajaccio übertragen, und am 15. Juni tritt er dieses Amt an.

Die hiermit verbundene Ehre ist erheblich höher als das dürftige Amtsgehalt: 1.200 Livres im Jahr, knapp 4.000 Mark. Aber die neuen Dienstpflichten beanspruchen Carlo in der Regel nur halbtägig, so daß er sich nebenberuflich weiterhin der Landwirtschaft, der Verwaltung seines Vermögens und natürlich der korsischen Politik widmen kann.

V. Der alte und der neue Adel

Die französische Nobilität

Bald erreicht Carlo ein noch höheres Ziel, von unschätzbarem Wert auch für seine Kinder. Er macht sich geschickt die Integrationspolitik des französischen Königs zunutze. Louis XV. hat 1770 dekretiert, daß korsische Familien, die nachweisbar seit 200 Jahren der landsässigen Nobilität angehörten, dem französischen Adel gleichgestellt werden, denselben Rang und dieselben Privilegien wie jener genießen sollten.

Um zu verstehen, welche Ränge und Privilegien das waren, muß man sich einige Unterschiede zwischen dem »bürgerlichen« Landadel von Korsika und der Nobilität in Frankreich klarmachen.

Unter den vier Ständen, in die man 25 Millionen Franzosen in dreizehn Provinzen unter dem Königtum des Ancien Régime einzuteilen hat – Adel, Klerus, Bürgertum und Bauern (die beiden letzteren schon mit fließenden Übergängen, bereits gar mit einigen industriellen Arbeitern vermischt) – nahm der Adel die bevorzugte Stelle ein. Zu ihm gehörte kaum mehr als ein halbes Prozent der Bevölkerung, aber in seinem Besitz waren zwanzig Prozent des gesamten Grundes und Bodens, einschließlich der Strände und Seen, im Königreich. Der Adel allein besaß das Jagdrecht, vom Hirsch bis zum Hasen, nur er durfte Falken und Tauben halten. Er hatte das Monopol auf Getreidemühlen, auf Öl- und Weinpressen, deren die Bauern sich gegen saftige Nutzungsgebühren bedienen mußten.

Die Grundherren erhoben Steuern von allen Märkten, die auf ihrem Territorium abgehalten wurden. Sie konnten auch Abgaben beanspruchen bei jedem Kauf und Verkauf eines Grundstücks, das ihrer Feudalhoheit unterlag; es war das »Droit de Seigneur«, jene seltsame Reallast, die heute noch auf den britischen Kanalinseln, aufgrund der dortigen uralten normannischen Rechtstradition, erhalten ist. Starb einer der erbuntertänigen Bauern, so stand dem »Seigneur« das beste Stück des Nachlasses nach eigener Auswahl zu. Auch war der Adel vom Militärdienst befreit. Ebensowenig wurde er herangezogen zur bäuerlichen »Corvée«, einer jährlich zweiwöchigen, unbezahlten Dienstleistung für öffentliche Arbeiten.

Das wertvollste Privileg, das der Erste Stand (wie übrigens auch die Geistlichkeit) genoß, war seine Steuererleichterung. Er brauchte nicht die »Taille« zu bezahlen, die in Südfrankreich als Grundsteuer, im übrigen Land als Vermögenssteuer erhoben wurde. Theoretisch unterlag er nur der »Capitation«, einer geringen Kopfsteuer für jedermann; er sollte auch, wie die Bürger, die »Vingtième« zahlen, eine zunächst fünf-, dann zehnprozentige Einkommensteuer – aber die stand weitgehend auf dem Papier, konnte vom Pflichtigen nach eigenem Ermessen geschätzt werden und wurde nur selten zwangsweise eingetrieben.

Es lohnte sich also schon, Adliger im vorrevolutionären Frankreich zu sein. Deshalb achtete der Staat auch darauf, daß niemand den Adelstitel unberechtigt führte – wer sich solcher Anmaßung erfrechte, wurde mit 2.000 Livres bestraft.

Allerdings, einige paradoxe Züge verwirren das Bild. Der Zugang zum Ersten Stand war keineswegs geschlossen, sondern durchlässig, denn er konnte erkauft werden. Wer für eines der rund viertausend Hof- und Staatsämter zahlte, erwarb automatisch den damit verbundenen Adelsrang. Vermögende, arrivierte Bürger machten davon regen Gebrauch. Freilich erhielten sie (für mindestens 10.000 Livres) auch nicht mehr als den schönen Titel mit seinen weiteren finanziellen Vorteilen, denn politisch war der französische Adel schon seit Louis XIV. entmachtet. Er hatte keine eigentliche Standesvertretung und nicht einmal das Recht zur Selbstversammlung ohne Erlaubnis des Königs.

Es war schon lange her, daß ein französischer Baron, ein Urahn Talleyrands, seinem Valois-König auf dessen Vorhaltung: »Wer hat Dich zum Baron erhoben?« die provokante Gegenfrage stellen konnte: »Und wer hat Dich zum König gemacht –?«

In dem Maß, in dem der König den Adel an seinen Hof zog, verlor jener den bestimmenden Einfluß im Lande. Er war abhängig geworden, vernachlässigte seinen Grundbesitz, auf dem er nicht mehr residierte, verarmte auch teilweise und machte haushohe Schulden auf Kosten der jeweils folgenden Generation. Nichts Besseres konnte für den Aufschwung der Wirtschaft in einer Region geschehn, als wenn ein Adliger bei Hof in Ungnade fiel und von Versailles auf seine Güter verbannt wurde – dann war er nämlich gezwungen, sich wieder persönlich um sie zu kümmern!

Ansonsten waren es nicht die Seigneurs, die mit ererbten oder gekauften Ämtern in Stadt und Land den Ton angaben, mochten es auch so durch und durch Blaublütige sein wie die Rohans oder Condés, die Soubises oder Polignacs, die Maurepas oder Périgords. Es waren vielmehr die »Parlamente«, zusammengesetzt aus Männern von großbürgerlicher Herkunft und juristischer Ausbildung, die etwa – ohne adlig zu sein – dem korsischen »Adel der Robe« entsprachen und auch so bezeichnet wurden. Die Parlamente, eines für jede Provinz, fungierten teils als Gerichtshöfe, teils als Gesetzgebungsorgane. Sie hatten längst gegenüber der Aristokratie, ja sogar im Verhältnis zum König, übermächtigen politischen Einfluß gewonnen. Ihre Angehörigen genossen bei Hof den Vortritt vor den Grafen; ihre Präsidenten rangierten vor den Herzögen, trugen Hermelin mit Purpur wie der König selbst. Die Annahme des Adels verschmähten sie, weil sie nicht vom Hof abhängig sein wollten.

Der Mann aber, der recht eigentlich in der Provinz das Sagen hatte, war schon um die Mitte des 18. Jahrhunderts der »Intendant«, der staatlich ernannte, allzuständige Verwaltungschef – ein erstaunlich moderner Vorläufer des Departement-Präfekten seit der Napoleonischen Zeit bis heute!

Gegen Ende des Ancien Régime waren nicht einmal mehr die Offizierstellen der Armee dem Adel vorbehalten. Es war ausgerechnet König Louis XVI., der kurz nach seinem Regierungsantritt ein revolutionäres Postulat vorwegnahm und auch Bürgerliche zu Offizieren ernannte – selbst bei der Kriegsmarine.

Auf Korsika, in der neuen französischen Provinz, war vieles anders. Die dortigen Adligen hatten ja eine erheblich stärkere Bindung und Verbindung zum Volk, dessen anerkannte politische und militärische Führer sie immer gewesen und geblieben waren. Trotzdem konnte kein Zweifel bestehen, daß es für den korsischen »Adel der Robe« höchst erstrebenswert war, in den »richtigen« Adel des neuen Vaterlandes aufgenommen zu werden. Zu Hause auf der Insel bedeutete das weitgehende Steuerfreiheit, beim Umgang mit den Behörden und bei Besuchen auf dem Festland erhöhtes Ansehen, auch unmittelbarer Zugang zum Königshof – insgesamt, jedenfalls für einen tüchtigen Mann, ein Sprungbrett für vielfältige Aktivitäten.

Denn der Erste Stand – das war in Frankreich immer noch der Adel, und trotz der Revolution bringt es bis heute Vorteile, ihm anzugehören.

Carlos Adel wird anerkannt

Carlo de Buonaparte ist – wieder beraten und unterstützt vom unverwüstlichen Onkel Archidiakon – einer der ersten Korsen, die ihre Chance ergreifen. Leicht wird es ihm nicht gemacht, denn die Franzosen haben, in ihrer unzähmbaren Lust am Registrieren und Klassifizieren, den bisherigen korsischen Kleinadel in drei Gruppen eingeteilt. Das sind zunächst die »Anciens Seigneurs«, Nachkommen der ältesten eingeborenen Feudalherren wie die Colonna und Pompejani; zweitens die »Caporals« wie die Arrighis und Casabiancas, die in den pisanisch-genuesischen Kriegen des Hochmittelalters ihren Adel erkämpft haben; und endlich die »Étrangers« wie die Buonapartes, deren Vorfahren vom italienischen Festland auf die Insel gekommen sind. Für letztere ist es mühsamer als für die beiden ersten Gruppen, ihren Adel nachzuweisen.

In kluger Voraussicht hat Carlo sich schon während seiner Studienzeit einen Adelsbrief seines Geschlechts beim

Erzbischof von Pisa besorgt, und auch die übrigen erforderlichen Dokumente sammelt er rasch, mit großem Fleiß.

Die Urkunden, die er damals, 1771, beim Conseil Supérieur in Bastia vorgelegt hat, befinden sich heute im französischen Nationalarchiv. Es sind, außer jenem Adelsbrief, sein Taufschein sowie ein Anerkennungsschreiben der toskanischen Buonapartes über die bestehende Blutsverwandtschaft und ein Patentbrief des Großherzogs der Toskana; ferner eine Beglaubigung des örtlichen »Rats der Edlen« von Ajaccio über die 200-jährige Zugehörigkeit der dortigen Buonapartes zum korsischen Adel; sodann eine Urkunde darüber, daß ein Vorfahre Jerome Buonaparte 1562 dem Senat von Genua angehört habe; endlich ein Adelszeugnis des »Consiglio Supremo«.

Am 13. September 1771 ist der Mühe Preis errungen. Die oberste französische Behörde in Bastia erklärt und beurkundet, daß »Charles-Marie de Buonaparte« (das »u« bleibt noch erhalten) ein Edelmann von über 200-jährigem bewiesenen Adel in siebenter Generation sei und daß er wie auch seine Nachkommen sämtliche Adelsrechte im französischen Königreich genießen sollten.

Ein halbes Jahre später wird Carlo in den »Consiglio dei dodeci Nobili« gewählt, den Rat der Zwölf Edlen, das exklusive Standesparlament und einflußreiche Selbstverwaltungsorgan der Insel.

Leben im Zenit

Unser junger Gentilhomme, erst 26 Jahre alt, hat im Lauf von nur drei Jahren eine wahrhaft erstaunliche Karriere zurückgelegt. Er hat für sich und die Seinen einen Krieg beendet, ohne Schaden an Ehre und Gewissen zu leiden.

Er hat den Respekt der neuen Machthaber gewonnen, ohne das Vertrauen seiner Landsleute zu verlieren. Er hat promoviert, eine Anwaltspraxis geführt und ein hohes Staatsamt erlangt. Sein Adel ist bestätigt worden, und er gehört zu den gewählten Mitregenten seiner Heimat – ist aufgestiegen zu einem der prominentesten Korsen seiner Zeit.

Das alles weiß auch seine Frau Letizia (jedenfalls damals) sehr wohl zu schätzen. Auf die etwas taktlose Frage eines Franzosen, ob sie ihren Mann liebe, gibt sie die bezeichnende Antwort: »Wie sollte ich nicht stolz darauf sein, ihm anzugehören? Er ist gut, er ist schön, er ist berühmt, und er liebt mich.« Die Reihenfolge, in der Letizia diese Eigenschaften aufzählt, sagt wohl einiges über ihren Charakter aus.

Im Jahre 1772 hat Carlo schon zwei Drittel seines bewegten Lebens hinter sich. Nur dreizehn Jahre noch gönnt ihm das Schicksal. Er selbst ahnt das nicht, dann er fühlt sich gesund, ist spannkräftig, interessiert und wachsam – jeden Tag der ihm verbleibenden Zeitspanne wird er prall ausfüllen, wie er es bisher getan hat.

Ajaccio heute

VI. Buonaparte der Prächtige

Ein Kerl wie Samt und Seide!

Sehen wir uns Carlo einmal an, nachempfunden aus den wenigen zeitgenössischen Abbildungen, wie er zufrieden, fröhlich und stolz durch die Straßen von Ajaccio flaniert. Damals gibt es eigentlich nur zwei richtige Straßen (heute Boulevard Casanova und Cours Napoléon), die gerade und parallel zum Meer verlaufen und die von einer dritten (heute Cours Grandval), aus den Bergen zur Küste führend, gekreuzt werden. Das andere sind ein paar hübsche Plätze, wie heute die Place Maréchal Foch, und enge, verwinkelte Gassen in der Umgebung der Kathedrale, wie eben die Via Malerba, heutige Rue St. Charles.

Vielleicht also geht Carlo zu seinem Dienst ins Gericht oder zu einer Weinversteigerung, zur Beaufsichtigung seiner Landarbeiter, vielleicht auch zu einem Kartenspielchen Tarock, Whist oder Reversi mit seinen vielen Freunden. Nur in die Kirche geht er selten – das überläßt er, der zeitlebens ein Freigeist bleibt, seiner frommen Ehefrau.

Er ist ein hochgewachsener Mann, schlank, mit sinnlichen Lippen, kräftiger Nase, sanften grauen Augen und schmalen Händen. Er trägt erlesene, bisweilen etwas manirierte Kleidung – Röcke aus gelber oder kirschroter Seide, Hosen aus schwarzem Satin, ein Spitzenjabot, feine weiße Hemden und Ziertücher, Silberschnallen an den Schuhen, im Sommer einen leichten Umhang, im Winter Flanellweste, Gamaschen und Wollmantel. Wann immer er das Haus verläßt, schnallt er den Degen um, das Zeichen seiner adligen Würde.

Mit überwiegender Bewunderung und nur geringer Ironie nennen seine Korsen ihn »Buonaparte il Magnifico« – den Prächtigen, im Anklang an jenen toskanischen Mediceerherzog der Renaissance, Lorenzo den Prächtigen. Ein schöner Mann ist er, ein superber Mann, gewiß ein homme à femmes, aber auch einer, der weiß, was er will, der es zu etwas gebracht hat – enfin, ein Kerl wie Samt und Seide!

Der häusliche Kreis

Um als Kulturmensch standesgemäße Gesellschaften geben zu können, geht »Buonaparte der Prächtige« mit Elan und freilich wieder großem Kostenaufwand an den Ausbau und die Modernisierung des alten Hauses in der Via Malerba. Er setzt ein drittes Stockwerk auf die zwei vorhandenen und läßt für 600 Livres eine verglaste Terrasse installieren. Ein Marmorkamin wird eingebaut, Kristallspiegel, Musselinvorhänge und Portièren aus rotem Taft werden im Salon angebracht, auch teure vergoldete Möbel werden gekauft.

Aber Carlo erschöpft sich nicht in solchen Äußerlichkeiten. Er hat die Nase im Wind, er will alles wissen, was in der Welt vor sich geht, und er reagiert auf Politik wie ein Zirkuspferd auf die Trompete. Schon in Corte hat er für Paoli die offizielle Monatszeitschrift »Ragguagli dell'isola di Corsica« redigiert, und jetzt ist er abonniert auf alle Zeitungen des Festlands, deren man in Ajaccio habhaft werden kann – natürlich die französische »Gazette de France«, aus dem neuen Vaterland ferner den »Mercure« und den »Courrier de l'Europe«, aus Preußen gelegentlich die »Vossische Zeitung«, aber auch die holländische »Gazette de Leyden«, den englischen »Morning Chronicle« und andere Blätter.

Wichtiger noch: Carlo kauft Bücher, wovon er bald elfhundert aufstellen wird – für die damalige Zeit eine enorme Zahl, er besitzt die größte Privatbibliothek der ganzen Insel mit juristischen, historischen, naturwissenschaftlichen und belletristischen Werken. Da gab es Bayles »Wörterbuch«, die Bibel der freigeistigen Philosophie des 18. Jahrhunderts, und Buffons dickleibige Naturgeschichte; es gab Horaz und Ovid, Plutarch und Plinius, Rechtsliteratur von Justinian bis Montesquieu; Voltaire und Diderot waren mit ihren gesellschaftskritischen Schriften vertreten, und selbst einige der 170 Romane des vielschreibenden Abbé Prévost standen in den Regalen.

Damit leistet Carlo zugleich das Edelste und wohl auch Nützlichste, was für die häusliche Erziehung junger Menschen getan werden kann: er läßt seine Kinder mit und unter Büchern aufwachsen. Wenn seine sämtlichen Söhne (außer Jerome) »hommes de lettres« geworden sind, die von Kindesbeinen an gelesen, später selbst vieles geschrieben und publiziert haben, die in Geschichte und Dichtkunst, Staats- und Länderkunde, in Architektur, Technik und Ökonomie zu Hause waren – dann verdankten sie das gewiß nicht Madame Mère, sondern allein ihrem Vater.

Der »Code civil«, seit 1807 auch »Code Napoléon« genannt, war zwar nicht in erster Linie das persönliche Werk Napoleons. Aber Napoleon hat die Arbeit an diesem Jahrhundertwerk der französischen Gesetzgebung keineswegs allein den Juristen unter Führung der Staatsräte Tronchet und Portalis überlassen. Seine eigenen Ideen, die er in das Bürgerliche Gesetzbuch Frankreichs einbrachte, waren deutlich geprägt von Erfahrungen und Vorstellungen, die ihm die väterliche Erziehung vermittelt hatte – so die Stärkung der Familie, insbesondere der Stellung ihres Oberhaupts, gegenüber dem Staat; der Begriff des »väterlichen Eßgeschirrs«, wonach Eltern ihre in Not geratenen Kinder auch dann noch zu unterstützen hatten, wenn diese schon erwachsen waren; die Pflicht der Eltern, ihren Töchtern eine Mitgift zu gewähren, um deren Unabhängigkeit zu stärken; endlich das Verbot der Ehescheidung, wenn eine Ehe mehr als zwanzig Jahre bestanden hatte.

Die frühe Karriere von Carlos ältestem Sohn Joseph ähnelte in geradezu frappierender Weise der Laufbahn des Vaters. Wie jener wandte Joseph sich dem juristischen Beruf zu. Er studierte und promovierte in Pisa – wie der Vater. Er wurde Rechtsanwalt und Richter in Ajaccio, dann Mitglied der korsischen Volksvertretung – wie Carlo selbst. Er wurde in diplomatischen Missionen verwendet und war Botschafter in Rom – wiederum nach väterlichem Vorbild. Nicht nur die sanfte, kluge Wesensart des Vaters, sondern auch dessen ausgesprochene juristische Begabung hat Joseph wie kein anderer Bruder geerbt. Das Konkordat von 1801, das er als Kontrahent des französischen Staates mit Kardinal Consalvi, dem Vertreter des Heiligen Stuhls, zäh und geschickt aushandelte, trägt seine Unterschrift.

Der Sohn Lucien ist mehrfach mit Verfassungsentwürfen für Frankreich hervorgetreten, die deutliche Anklänge an die vom Vater entworfene korsische Paoli-Verfassung zeigten. Und der Sohn Louis kümmerte sich als König von Holland vorzugsweise um die Strafgesetzgebung und den Strafvollzug in seinem Reich, weil sein Vater ihn schon als jungen Menschen speziell für diese Materien interessiert hatte.

So finden wir, bei genauem Hinsehen, vielfältige Spuren von Carlos väterlicher Einwirkung auf seine Söhne, die seinen eigenen Tod überdauerte.

Ein bemerkenswertes Gegengewicht zu dieser anspruchsvoll-disziplinierten Erziehung setzt die Mutter freilich doch. Sie richtet den Kindern ein Spielzimmer ein, in dem sie nach Herzenslust die nackten Wände bemalen dürfen (so etwas ist ja keineswegs erst von der antiautoritären Erziehung unserer so fortschrittlichen Tage erfunden worden). Es sei der Beurteilung des Lesers überlassen, welcher Erziehungsbeitrag der wichtigere war.

Ansonsten wird freilich berichtet, daß Letizia die Kinder eher kühl und streng, Carlo hingegen eher weichherzig und liebevoll behandelt habe. Soweit ihm das von einigen Napoleon-Biographen als übertriebene Nachsicht zum Vorwurf gemacht wird, läßt sich darauf nur erwidern: die Erziehung von Kindern in und bis zu dem Alter, in dem sich die Buonaparte-Kinder bis zu Carlos Tod befanden, ist in Korsika (wie wohl anderswo auch) vorwiegend Sache der Mutter, und natürlich hatte Carlo bei seinen vielfältigen amtlichen und geschäftlichen Verrichtungen nicht die Zeit, sich auch noch zu Hause um Einzelheiten zu kümmern. Ein Familientyrann, wie mancher andere korsische Vater, war er jedenfalls nicht; das spricht für ihn. Mehr noch gereicht ihm zum Lob, daß er geistige Anregung vermittelte, daß er allzeit für die wirtschaftliche Existenz der Familie gesorgt und – wie wir noch sehen werden – für die berufliche Zukunft seiner Kinder Entscheidendes bewirkt hat.

Man muß einräumen, daß Carlos Aufstieg zum »Prächtigen« kaum möglich gewesen wäre ohne die gönnerhafte Fürsorge, die ihm von den beiden mächtigsten Franzosen auf Korsika zugewandt wurde. Aber Carlo hat sich ihre Lebensfreundschaft nicht durch Schmeichelei erdienert, sondern durch Leistung erworben; sie schätzten seine Loyalität, seinen Einfluß bei den Korsen und seine guten Ratschläge.

Es waren der Comte de Marbeuf, Militärgouverneur der Insel, und der Marquis de Boucheporne, Intendant von Ajaccio. Beide Männer haben die Ernennung Carlos zum Richter, die Anerkennung seines Adels und seine Wahl in den Rat der »Nobili« gefördert. Sie begünstigen und protegieren ihn auch weiterhin. Gemeinsam mit Marbeuf hat Carlo den Anbau der Kartoffel und die Seidenraupenzucht in Korsika eingeführt. Von ihm erhält er auch staatliche Subsidien für seine eigene Landwirtschaft.

Die gesellschaftlichen Beziehungen zwischen dem Gouverneur und dem Hause Buonaparte waren so eng, daß Mißgünstige ihm ein Verhältnis zu Madame Letizia nachgesagt und kühnlich behauptet haben, ihr vierter Sohn Louis, dessen Taufpate Marbeuf war, stamme nicht von Carlo, sondern von ihm selbst. Ich denke mit den meisten ernstzunehmenden Historikern, daß man die sittenstrenge, in korsischer Familientradition rundum behütete Letizia, die altersmäßig die Enkelin des sechzigjährigen Grafen hätte sein können, gegen solche Verleumdung in Schutz nehmen sollte.

Die böse Legende hatte einen eher skurrilen Ursprung. Auf ausdrückliches Anraten Napoleons hat Bruder Joseph nach dem Tod des Vaters und dem Ausbruch der französischen Revolution im Haus an der Via Malerba zwei Bilder von den Wänden abgenommen, das eine von Letizia und das andere von Marbeuf. Damit sollte – so ist behauptet worden – verhindert werden, daß etwaige Plünderer die beiden Porträtierten in eine intime Verbindung zueinander brachten. Die wahre Erklärung dürfte einleuchtender sein: das Bild der Mutter sollte gerettet werden, und das Bild Marbeufs – des nun verhaßten Exponenten eines gestürzten Regimes – mußte verschwinden, damit die Buonapartes nicht politisch kompromittiert erschienen.

Es war nicht die erste Verleumdung, die gegen Letizia erhoben wurde. Man hatte ihr auch schon in Corte eine Beziehung zu General Paoli (einem lebenslangen Junggesellen) nachgesagt. Diese Lüge hat Letizia selbst im Alter knapp abgefertigt: »Jede Frau in Korsika wußte, daß der General mit *Frauen* nichts im Sinn hatte!«

Die Stoßrichtung beider Geschichten ist deutlich genug. Weniger Letizia als vielmehr Carlo sollte getroffen werden – als lächerlicher Hahnrei und Nonvaleur, der es ohne seine Frau zu nichts gebracht hätte und seine Karriere nur den Liebhabern seiner Frau verdankte. Nach allem, was wir von Carlos Zeitgenossen über ihn wissen, läßt sich nüchtern feststellen: dieser Mann, der aus eigener Kraft und eigenem Verdienst aufstieg, hatte es nicht nötig, seine Ehefrau der Laufbahn zu opfern.

Erwähnen wir noch vier Beispiele für die ehrenhafte Freundschaft zwischen Carlo de Buonaparte und Graf Marbeuf, diesen beiden nach Alter und Herkunft so ungleichen Männern, die eine gemeinsame Bemühung um die korsisch-französische Integration verbunden hat.

Als Marbeuf von einem Freund bei Hofe wegen angeblich unkorrekter Verwaltungsführung angeschwärzt wird, da ist es Carlo, der ihn in einer Schutzschrift an das Innenministerium verteidigt und ihm hilft, die Vorwürfe zu widerlegen.

Zu einem Jahreswechsel schreibt Carlo an Marbeuf: »Ich wünsche Ihnen, Monseigneur, ein so gutes neues Jahr, wie Sie es selbst für sich erhoffen. Möge dieser Wunsch auch von Nutzen sein für Korsika, das Sie liebt, und für uns korsische Richter, die wir das Glück haben, dem König zu dienen.«

Als Marbeuf sich nach dem Tod seiner von ihm getrennt lebenden Fau nochmals verheiratet, schmiedet Carlo zu dieser Hochzeit ein elegantes Sonett, das ihn als begabten Poeten ausweist.

Und in seinem Tagebuch hinterläßt Carlo dieses geistige Vermächtnis: »Ich wünsche, daß das gute Andenken an den Grafen Marbeuf, den Wohltäter unseres Hauses, bei meinen Kindern und deren Nachkommen stets erhalten bleibe.« Erhalten ist schließlich auch das Sonett, in eben diesem Tagebuch. Da wünscht Carlo dem Grafen und seiner neuen jungen Frau ein Kind, das bald aller Augen mit Freudentränen füllen möge – ein Kind, das unter dem französischen Banner Ruhm erwerben, der brillanten Laufbahn des Vaters folgen und so auch ihm neue Ehre verschaffen werde. Die unbewußte Prophetie im Hinblick auf Carlos eigenen Sohn Napoleon rührt ans Herz.

VII. Der Richter des Königs

Justiz in Korsika

Die folgenden Jahre teilt Carlo zwischen seinem richterlichen Dienst und seinen privaten Wirtschaftsinteressen. Beide Bereiche sind für ihn von gleicher Wichtigkeit, der letztere vielleicht noch mehr – bringt ihm die Landwirtschaft doch 7.000 bis 8.000 Livres im Jahr ein, das Sechsfache seines Amtsgehalts. Betrachten wir Carlo zunächst als Richter.

In Zivilsachen, die ihm zusätzlich übertragen worden sind, judiziert er allein, im Wechsel mit zwei anderen Kollegen. Pro Jahr hat er etwa 300 kleinere Streitfälle zu entscheiden. In der Strafkammer ist er einer der beiden Beisitzer unter dem Vorsitz des Gerichtspräsidenten Guillaume-Louis Armand, eines Festland-Franzosen.

Dieser Armand ist ein Bürgerlicher, der sich den pompösen Titel eines »Generalleutnants der Admiralität« (ohne den geringsten Zusammenhang mit Marine und Meer) gekauft hat. Etwas mühsam ist er aus der Advokatur beim Pariser Regionalparlament zum königlichen Chefrichter des Bezirks Ajaccio aufgestiegen. Er bezieht ein etwas höheres Gehalt als seine Beisitzer, 1.800 Livres. Aber Carlo kann ihm nur geringe Achtung entgegenbringen, denn im Gegensatz zu »Buonaparte dem Prächtigen« vernachlässigt Armand sein Äußeres, er besitzt nur drei Hemden und zwei Paar Galoschen; auch bei Gericht trägt er immer denselben Frack, schmuddelig und ungebügelt. Er ist Junggeselle, bewohnt ein dürftiges Mietzimmer und ißt im Wirtshaus, wenn er nicht eingeladen wird. Trotzdem hinterläßt er bei seinem Tod, drei Jahre später, einen Haufen Schulden, die aus dem geringen Nachlaß nicht bezahlt werden können. Was den Bürgern seines Gerichtsbezirks immerhin an ihm imponiert, ist sein Sinn für richterliche Autorität, sein scharfer kriminalistischer Verstand und seine rhetorische Begabung. Das muß auch Carlo widerwillig anerkennen.

Die richterlichen Funktionen nehmen Carlo, wie schon bemerkt, in der Regel nicht mehr als vier bis fünf Stunden pro Tag in Anspruch; denn man nimmt Rücksicht auf die Bedürfnisse einer bäuerlichen Rechtsgemeinschaft. Wenn Parteien oder Zeugen nicht erscheinen, wird der Zivilprozeß großzügig vertagt; es gibt ausgedehnte Sitzungsvakanzen, viele kirchliche Feiertage und Ferien zur Saat-, Pflanz- und Erntezeit. Andererseits – auch das ist typisch für die Justiz einer Agrargesellschaft – gehen die Richter oft zum Volk aufs Land, reisen viel und halten auswärtige Gerichtstage, so daß sie zuweilen auch ein paar Tage hintereinander unterwegs sind. Zu Hause bleiben dann die Akten freilich liegen.

Trotzdem arbeitete die korsische Ziviljustiz relativ schneller als diejenige im übrigen Frankreich, wo es durchaus üblich war, daß Zivilprozesse sich jahrelang hinschleppten und enorme Kosten verursachten – was nur zum Teil am mangelnden Fleiß der Richter lag, sondern auch an veralteten, unpraktikablen Gesetzen, an den Winkelzügen geldgieriger Advokaten und der Unübersichtlichkeit der Instanzenwege.

Harte Kriminalrechtspflege

Die Strafurteile jener Zeit waren von unerbittlicher Härte. Das Prinzip der Abschreckung regierte allein, an Besserung oder Wiedereingliederung des Täters verschwendete man nicht den Hauch eines Gedankens. Wer vorsätzlich ein fremdes Haustier tötete, kam drei Jahre auf die Galeeren; wer seinen Arbeitgeber bestahl oder gar tätlich angriff, wurde gehängt oder gerädert. Räuber wurden auch noch lebendig verbrannt.

Vor Hinrichtungen wurde die Folter angewandt – weniger zur Erpressung von Geständnissen als zur Verschärfung der Strafe. Man schnürte dem Verurteilten die Beine in den spanischen Stiefeln bis zum Bersten der Knochen zusammen, goß ihm gewaltsam literweise Wasser in den Hals, stellte ihn an den Pranger, zeichnete ihn mit glühenden Eisen auf Schultern und Backen, geißelte ihn öffentlich – auch Frauen bei entblößtem Körper. Dann erst schleppte man ihn zur Richtstätte; bisweilen lebte er dann schon nicht mehr.

Freiheitsstrafen mußten in der Regel auf den Galeeren verbüßt werden. Solange diese noch tatsächlich als Kriegsschiffe dienten, war der Bedarf des Staates an Ruderern ganz erheblich. Zwar fanden sich auch Freiwillige für diesen grausigen Dienst – Desperados, die bereit waren, sich mit fünf Leidensgenossen auf einer Bank anschmieden zu lassen, die 16 Meter langen Ruder im Takt zu bedienen und im Fall der Versenkung des Schiffes unausweichlich zu ertrinken; aber deren Zahl reichte nie aus. So wurde die Galeerenstrafe manchmal auch anstelle der Todesstrafe verhängt, natürlich lebenslänglich. Louis' XIV. Minister Colbert wies einmal die Parlamente an, es sollten jetzt alle Missetäter ausschließlich zu den Galeeren verurteilt werden – der König brauche die Leute. Nun traf dieses Schicksal nicht nur Kapitalverbrecher, sondern auch kleine Diebe, Landstreicher und Bettler, die man einfach als Kettensklaven auf den Schiffen behielt, auch nachdem ihre Strafe längst verbüßt war.

Unter Louis XV. kamen die Galeeren außer Gebrauch, aber die Justiz verurteilte unbekümmert weiter »zu den Galeeren«. Man wußte dann mit den Sträflingen in den Häfen nichts anderes anzufangen, als sie in die neu erfundenen »Bagnos« zu sperren, deren erstes in Toulon 1748 eingerichtet wurde. Dort vegetierten die Gefangenen in licht- und luftlosen Kerkern – Alte und Junge, Leicht- und Schwerkriminelle unterschiedslos auf engstem Raum ohne Beschäftigung zusammengepfercht – und sie starben in Massen.

Es läßt sich, wie meist in der Kriminalgeschichte, nicht feststellen, daß die Kriminalität unter dem Ancien Régime mit solchen Methoden wirksam unterdrückt worden wäre. Im Gegenteil, sie war erschreckend hoch und zeigte steigende Tendenz. Wege und Straßen, das platte Land und vor allem die großen Städte waren unsicher geworden. Die Zahl der »berufsmäßigen« Räuber wurde um die Mitte des 18. Jahrhunderts in Frankreich auf zehntausend geschätzt. Manche organisierte Bande zählte über hundert Köpfe. Die Polizei, die den Intendanten unterstehende »Maréchaussée«, war nicht schlecht organisiert, sie verbreitete auch Furcht, zeigte sich aber zu schwach (manchmal auch zu bestechlich), um der kriminellen Übermacht Herr zu werden.

Zögernde Reformen

Die Anstöße zu einer Reform der französischen Strafrechtspflege kamen nicht nur von den Philosophen der Aufklärung, sondern auch von den Juristen selbst. Nachdem Voltaire sein Leben lang gegen die Folter gepredigt hatte, wurde sie von Louis' XVI. tüchtigem Minister Nekker 1780, immerhin neun Jahre vor der Revolution, endgültig abgeschafft.

1764 publizierte der italienische Jurist Cesare Bonasana, Marquese di Beccaria, sein aufsehenerregendes Buch »Dei delitti e delle pene« (Von den Verbrechen und von den Strafen). Er zog darin gegen Todesstrafe und Folter zu Felde, trat für eine Humanisierung des Strafvollzugs ein und stellte das Postulat auf: »Der Zweck der Strafe darf kein anderer sein, als die Missetäter außer Stand zu setzen, ihren Mitbürgern erneut zu schaden. Grausame Strafen sind die Ursache, daß man desto mehr wagt, um ihnen zu entkommen. Denn das Unglück, in das man sich durch sie stürzt, ist umso größer. Sie sind Veranlassung zu einer noch größeren Zahl von Verbrechen, um der Strafe, die schon eine einzige Tat nach sich zieht, zu entgehen.«

Beccarias Buch erschien 1766 in einer französischen Übersetzung des Abbé Morellet. Es erlebte allein in Frankreich sieben Auflagen in einem halben Jahr. Die jüngere französische Richtergeneration – so auch Carlo de Buonaparte – zeigte sich durchaus beeindruckt von den umstürzenden Thesen und Theorien, die da zu lesen und zu bedenken waren. Solche Richter urteilten schon vor Ausbruch der Revolution mehr nach den Grundsätzen dieses Buches als nach den Buchstaben der Gesetze. So kam es denn, daß beim hochberühmten Sturm auf die fast leerstehende Bastille nur ganze vier dort einsitzende Gefangene »befreit« wurden, die das angenehme Gefängnis gar nicht verlassen wollten, und ein Geisteskranker, der auch lieber geblieben wäre.

Immerhin, die grausamen Gesetze galten noch zu Carlos Richterzeit, und auch auf Korsika mußten sie mehr oder weniger befolgt werden.

Bluträcher und Banditen

Die kleine überschaubare Insel war zwar relativ weniger kriminell belastet als das große Frankreich, aber Mord, Raub, Brandstiftung und Bandenkriminalität gab es auch hier. Die letztere hatte – Ausläufer sind bis zum heutigen Tag erhalten – drei Erscheinungsformen: die »Vindicada«, die »Bandara« und den »Banditismo« im engeren Sinne.

Die Vindicada oder »Vendetta trasversa« war die institutionalisierte, sippenübergreifende Blutrache, mit der sich ganze Familien wechselweise und gegenseitig unter die Erde beförderten – ausgelöst durch einen feindlichen Akt, fortgesetzt in einer Kette von Mordanschlägen des Opfers oder seiner Hinterbliebenen gegen den Täter, dessen Familie, und wieder umgekehrt. Sie konnte in Gang gesetzt werden durch verschiedene Delikte, die ein Bauer oder Hirte zum Nachteil eines anderen, der einer fremden Familie angehörte, beging. In Betracht kamen hier Flurschaden, Viehdiebstahl, Grenzverletzung, Beleidigung, Körperverletzung, Denunziation bei der Polizei oder ungünstige gerichtliche Zeugenaussage. Die betroffene Familie machte das wirkliche oder vermeintliche Unrecht, das einem ihrer Mitglieder widerfuhr, zu ihrer eigenen Angelegenheit. Sie eröffnete einen privaten »Strafprozeß«, der heimlich in Abwesenheit des Beschuldigten geführt wurde und mit dessen »Verurteilung« endete.

Der Grundsatz »Auge um Auge, Zahn um Zahn« wurde dabei in der Art überboten, daß die Vergeltung jeweils härter ausfiel als das zugefügte Übel. So konnte der Diebstahl eines Schafes mit der Verstümmelung einer ganzen Herde, eine Körperverletzung bereits mit Totschlag geahndet werden.

Zum Vollzug eines solchen »Todesurteils« wurden »Rächer« bestellt oder angeworben. Der Spruch wurde – auch das gehörte zum Ritual – dem Opfer einige Tage oder auch Wochen vor dem Vollzug mitgeteilt. Man beeilte sich damit nicht allzusehr, denn die Vendetta war nach einem korsischen Sprichwort »wie die Minestra – sie kann auch kalt gegessen werden«.

Dann lauerten die »Rächer« dem Opfer auf und vollstreckten das Urteil – mit Dolch oder Flinte, durch Erwürgen oder Herabstürzen von einem Felsen oder in einen Brunnen, niemals aber durch Gift. Nun mußte für das vergossene Blut wieder Blut vergossen werden. Die »Rächer«, die dann ihrerseits auf der Opferliste standen, begaben sich in die Macchia oder in die Berge, wo sie zwar nicht vor den Fehdegegnern, aber doch vor der Polizei einige Zeit sicher waren.

Eine andere, eher aus sozialem Gegensatz resultierende Abart des Banditenwesens war die Bandara. Sie wurde von den Armen als Rache für ungerechte Behandlung oder Übervorteilung gegen die Reichen angewandt. Als Delikte kamen vor: Erpressung, Entführung, Verstümmelung, Raubüberfall, Brandstiftung, Abschlachten von Vieh und Brunnenvergiftung.

Der Banditismo, das Banditenwesen im engeren und eigentlichen Sinne, war eine Folge des permanenten Belagerungszustandes, in dem sich Korsika stets im Verhältnis zur Umwelt befunden hatte. Wer seine Steuern nicht bezahlte, keinen Arbeitsdienst leisten wollte, einer Anklage oder gerichtlichen Vorladung zu entgehen wünschte oder sonst in irgendeiner Form mit der öffentlichen Macht in Konflikt geriet, der wurde Räuber, schloß sich einer Bande an, bestritt seinen Lebensunterhalt fortan von Diebstahl, Plünderung und Überfall – er war ein »Gesetzloser« geworden. In den Felshöhlen und natürlichen Verstecken der Insel konnte man sich jahrelang, in Einzelfällen bis zu zwanzig Jahre unentdeckt halten. Man ernährte sich von der Vogeljagd, vom Fleisch gefallener Schafe und vom schweren Sartène-Rotwein.

Carlo als Strafrichter

Schon Paoli hatte diese Bandenkriminalität schwerpunktmäßig bekämpft, und erst recht nach der französischen Annexion der Insel war es der korsischen Justiz zur Pflicht gemacht worden, sie ohne Nachsicht auszurotten – soweit das möglich wäre.

Einige Strafurteile, an denen Carlo mitgewirkt hat, sind erhalten geblieben. Sie sollen nicht verschwiegen werden.

Zwei Bauernfamilien streiten um eine Landparzelle. Vater und Sohn legen sich in der Macchia auf die Lauer, um einen bösen Feind der anderen Sippe mit der Flinte abzuschießen. Sie feuern, als er des Weges kommt, durchlöchern aber nur seine Kleidung. Das unverletzte Opfer wirft sich zu Boden und stellt sich tot. Die Schützen gehen befriedigt nach Hause und werden bald darauf festgenommen. Der Attackierte zieht, als der Prozeß eröffnet wird, seinen Strafantrag zurück, bittet um Gnade für die

Täter und empfiehlt lediglich ihre befristete Verbannung von der Insel.

Und hier die fürchterliche Sentenz vom 5. August 1775, in französischer Sprache, unterzeichnet von »Nous, Guillaume-Louis Armand, Charles-Marie de Buonaparte et Ange-Francois Fozzani, Juges Royales«: »Wir verfügen, daß der königliche Henker diesen Männern mit dem Rade bei lebendigem Leib die Arme, die Beine, die Rippen und die Nieren zerschmettert. Dies soll öffentlich auf dem Marktplatz von Forciolo geschehen. Danach sollen die Körper auf das Rad geflochten und, die Augen gen Himmel gerichtet, dort belassen werden, solange es Gott gefällt, ihnen das Leben zu erhalten. Sodann sollen die Leichen drei Tage lang am Ort der Missetat verbleiben, zur Abschreckung aller sonstigen Übeltäter. Ihr Vermögen verfällt dem König.«

Es fällt schwer zu begreifen, daß ein heiterer, gebildeter, gutmütiger Mensch wie Carlo solcher Urteile fähig war, denen gegenüber selbst Robespierre sich wie ein Engel der Humanität ausnimmt. Aber auch Richter sind Kinder ihrer Zeit und Gesellschaft, verstrickt in Voreingenommenheit und gravierende Irrtümer. Die Guillotine war noch nicht erfunden – und vergessen wir nicht ganz, daß sie weit mehr Menschen und weit weniger Schuldige zu Tode gebracht hat.

Wir erfahren aber auch von Kriminalsachen, in denen Carlo nach Auffassung der Staatsanwaltschaft zu milde geurteilt hat. Er verurteilt die Mutter eines Kindes, das drei silberne Gabeln gestohlen hat, wegen Verletzung der Aufsichtspflicht und Hehlerei zur Auspeitschung und zu dreijähriger Kettenstrafe. Die Anklagebehörde legt Berufung ein, und das Oberste Gericht in Bastia verdreifacht die Sentenz auf neun Jahre.

Besichtigen wir aber nach diesen ernsten, oft traurigen Zwängen der zeitgenössischen Strafjustiz auch die Satyrspiele, die Carlos juristisches Leben uns bietet. Er ist nun zwar nicht mehr als Advokat tätig, vertritt also keine Mandanten mehr vor Gericht, aber er führt durchaus Zivilprozesse in eigener Sache – mal als Kläger, mal als Beklagter, mit wechselndem Erfolg.

Ohne Zweifel, Carlo liebt die Rechtsstreitigkeiten, weicht ihnen jedenfalls nicht aus, denn er ist ein kampfeslustiger Mann. Er läßt sich die Butter nicht vom Brot nehmen und meint, daß man in Kleinigkeiten genau sein muß, wenn man seine Ansprüche in wichtigen Dingen durchsetzen will. So erklärt es sich wohl, daß er hier die Großzügigkeit vermissen läßt, die sein Leben sonst kennzeichnet. Das erklärt sich aber auch aus dem Geist des romanischen Volkes, dem er angehört – auf Korsika, wie auch sonst im mittelmeerischen Raum, liebt man die schwungvollen Gesten und schönen Reden, das Kampfspiel und das Turnier – selbst das Gericht ist nur ein Teil jenes Theaters, wie es eigentlich das ganze Leben darstellt.

Immer wieder wird Carlo geärgert von seiner alten, unverheirateten Tante Justine Bozzi, die unter dem Dach des Familienhauses lebenslanges Wohnrecht genießt und ihm manchen Tort antut. Er will ihr von Gerichts wegen verbieten lassen, die Haupttreppe zu benutzen, und möchte sie auf einen Nebeneingang verweisen. Der zuständige Richter weist das Begehren des Kollegen ungerührt ab, und Tante Justine erscheint weiterhin grinsend und schwätzend, die Familienruhe störend, vor und hinter dem Hausportal. Triumphierend erzählt sie von ihrem Sieg in der Stadt und belegt ihren Neffen öffentlich mit üblen Schimpfworten. Carlo läßt sich das nicht gefallen, und die nächste Runde geht an ihn: Justine Bozzi muß ihm 25 Livres Buße wegen Beleidigung zahlen und ausdrücklich erklären, er sei ein Mann von Ehre und Rechtschaffenheit (»un homme d'honneur et de probité«).

Unerbittlich zeigt sich Carlo auch in einem Erbschaftsprozeß, wo er den Preis eines versteigerten Ochsen, 78 Livres, erfolgreich einklagt.

Andererseits ist er bereit, einen Streit in der eigenen weitläufigen Familie zu schlichten. Er läßt die beiden Kampfhähne privat zu sich kommen und ihren Fall streitig vortragen. Dann zieht er sich die Robe an und spielt ihnen vor, wie der zuständige Richter den Fall wohl beurteilen würde. So zwingt er sie mehr oder weniger zu einem Vergleich; einem der Kontrahenten, der nicht schreiben kann, führt er die Hand zum Kreuzzeichen der Unterschrift. In Justizkreisen Ajaccios flüstert man später, die Affäre sei »mit dem Mantel Noahs zugedeckt worden« – will sagen, alle Beteiligten dieses komödiantischen Scheinprozesses seien nicht mehr ganz nüchtern gewesen.

In einem anderen Fall zieht Carlo wieder den kürzeren. Ein Verwandter seiner Frau verklagt ihn auf Herausgabe von 100 Livres. Carlo hat diesen Betrag von einem Schäfer als Entgelt für eine Weide-Nutzung kassiert. Richter de Buonaparte wird antragsgemäß verurteilt – mit der Begründung, die besagte Weide gehöre nicht ihm, sondern jenem Herrn Ramolino, und dem stehe also auch die Entschädigung für das von den Schafen abgefressene Gras zu.

Man sieht: das ungute Wort, daß eine Krähe der anderen kein Auge aushacke, galt für die Justiz Korsikas nicht – und das will heißen, daß nicht nur Bestechlichkeit, Vetternwirtschaft und Ämterpatronage jene vorrevolutionäre Zeit regierten.

Carlos Wohnhaus in Corte (Geburtshaus des Sohnes Joseph)

Inneres von Napoleons Geburtshaus heute

VIII. Vom Weinberg nach Versailles

Carlo als Bauer und Winzer

Wenn Carlo nicht zu Gericht sitzt oder als Vertreter seines Standes im Inselparlament zu Bastia debattiert, dann sieht er auf seinen Äckern und in seinen Weinbergen nach dem Rechten, kümmert sich um Aussaat, Ernte und den Verkauf der Produkte. Das nimmt einen wesentlichen Teil seines Arbeitstages in Anspruch. Da ist er nicht »Buonaparte der Prächtige«, sondern ein hart kalkulierender, nüchtern rechnender Patron. Er kommt (wie nachmals sein Sohn Napoleon) mit wenig Schlaf aus und steht früh auf, auch wenn es am Abend vorher spät geworden ist.

Die Land- und Weinwirtschaft ist ja auch, wie schon bemerkt, die Hauptquelle seiner Einkünfte. Man kann die Revenuen, die er selbst notiert hat, ziemlich exakt aufgliedern, obwohl sie natürlich je nach Qualität der Erntejahre schwanken. Zu beachten ist, daß der Livre, in der Kaufkraft etwas mehr als drei D-Mark, in 20 Sous oder Sols (je etwa 15 Pfennig), der Sou wiederum in 12 Deniers zerfällt.

Carlo erwirtschaftet aus seinen Getreideäckern, Kartoffelfeldern und Gemüsebeeten im Campo d'Oro und bei Torre Vecchia jährlich 3.000 Livres, aus dem Weinberg La Sposata 1.800 Livres, aus dem Weinberg Vitullo 1.200 Livres, aus drei kleineren Weingärten zusammen 1.500 Livres. Dazu kommen noch etwa 300 Livres aus der Vermietung von zwei Wohnungen und einem kleinen Ladengeschäft in Santa Catalina und Macello, schließlich rund 200 Livres Nutzungsgebühren für die Kornmühle und den Backofen. Die Familie Buonaparte hat also, wenn man Carlos Richtergehalt hinzurechnet, pro Jahr etwa 9.200

Livres, rund 28.000,– DM, zu verzehren. Das ist nicht nur bescheidener, sondern schon ansehnlicher Wohlstand, wenn man bedenkt, daß die Familie mietfrei wohnt und die wichtigsten Nahrungsmittel aus eigenen Ernten bezieht. Allerdings sind auch Arbeitslöhne zu zahlen – für landwirtschaftliche Hilfskräfte und ebenso für Domestiken; denn seit Carlos Aufstieg verfügt Letizia stets über ein Zimmermädchen und eine Kinderfrau, meist hat man auch eine Köchin.

Die häusliche Kost in Carlos Familie ist landesüblich, im allgemeinen schlicht. Man ernährt sich von Feigen, Trauben und Kirschen, von Ziegenmilch, Rindfleisch und Kohl, auch gibt es Maiskuchen und den pikanten »Bruccio«, einen noch heute hergestellten Rahmkäse. Dazu wird Weißbrot gegessen – der Knabe Napoleon verschmäht es bald und tauscht es gegen schwarzes Brot ein mit der altklugen Begründung: »Da ich später ohnehin zu den Soldaten gehe, ist es besser, mich rechtzeitig an das Militärbrot zu gewöhnen.« Die eher zivile Milchsuppe, mit Eigelb gequirlt, bleibt aber auch später noch eine seiner Lieblingsspeisen.

Carlo und Letizia trinken zum Essen sauren Landwein, natürlich vom Eigenbau, abends wohl auch ein Gläschen Malaga. Wenn man, wie häufig, Gesellschaften gibt, geht es höher her: Tintenfisch, Wildbret, Kastanienbrot und Burgunder erscheinen auf der Tafel. Und es werden auch, als besonderer Leckerbissen, Kartoffeln serviert – Carlo macht sie populär, sein Haus ist das erste in Ajaccio, wo man »Patatas« zu essen bekommt, und bald wird jedermann sie schätzen.

Allzeit marschiert Carlo voran. Er ist auch einer der ersten Korsen, der für seine Familie ein richtiges Badezimmer im Haus installiert. Seine sämtlichen Kinder haben von ihm besondere Vorliebe für das Wasser gelernt; Napoleon pflegte noch auf St. Helena stundenlang in der Badewanne zu liegen, zur Sommerzeit dort auch in Gartenteichen zu plantschen.

Die Lebenshaltungskosten

Zum Vergleich: das Existenzminimum im damaligen Frankreich wurde pro Kopf auf jährlich 200 Livres veranschlagt; die Seidenweber in den Fabriken von Lyon und Abbéville erhielten (bei jährlich allerdings nur 180 Arbeitstagen) kaum mehr als diesen Lohn. Aber auch ein Leutnant der Armee, bei dem man freilich noch größere Nebeneinkünfte voraussetzen konnte, bekam als Jahressold nicht mehr als 400 Livres. Ein Provinz-Intendant stand natürlich weit besser da, er bezog mindestens 30.000 Livres, aber dafür sollte er unabhängig sein und durfte keine andere Tätigkeit ausüben. Am besten erging es unter dem Ancien Régime den selbständigen, in Zünften organisierten Handwerksmeistern, die bei ihrem Tod oft beträchtliche Vermögen hinterließen. Häusliche Dienstboten mußten sich, bei freier Kost, Kleidung und Unterkunft, bei der kleinen Bourgeoisie mit 40 Livres jährlich bescheiden, der Adel zahlte ihnen aber weit mehr.

Die Grundnahrungsmittel waren billig. Ein Pfund Brot kostete 2 Sous, also 30 Pfennig, ein Pfund Kohl noch weniger, eine Flasche Landwein kaum mehr. Für 10 Livres konnte man eine Ziege, für 60 Livres schon einen Mastochsen kaufen. Teuer war nur das Salz, weil es mit einer rigorosen Staatssteuer, der »Gabelle«, belastet war. Wer zur Miete wohnte, zahlte für ein Zimmer in einem Bürgerhaus nicht mehr als 20 bis 30 Livres pro Jahr.

Carlo erweist sich auch als geschickter Vermehrer seiner Güter. Es gelingt ihm, das sogenannte »Odone-Vermächtnis« zum Familienvermögen zu ziehen. Da geht es um das Landhaus Milelli, vor den Toren Ajaccios hübsch in einem lichten Olivenwäldchen gelegen. Es war von einem entfernten Verwandten zu Anfang des 18. Jahrhunderts dem Jesuitenorden vermacht worden. Als dieser 1773 im französischen Königreich verboten wird, sieht Carlo seine Chance – er prozessiert um den Besitz der Villa, und schließlich wird sie ihm aus dem staatlichen Domanium zu Eigentum übertragen.

Er hat dort, in der etwas kühleren Luft von 400 m Höhe über dem Meer, mit Letizia und den Kindern oft die Sommerferien verbracht, woran sich Napoleon später gern erinnerte. Es war dort für die Kinder auch Raum und Gelegenheit, mit Altersgenossen das zeitlose Spiel »Räuber und Gendarm« zu betreiben. Der Räuberhauptmann war natürlich immer der ungebärdige Napoleon, während Joseph – still, sanft und klug – die Polizei kommandieren durfte. Ebenso selbstverständlich war, daß die Räuber stets gewannen und Napoleon den älteren Bruder verprügelte. Wenn die Mutter ihm dann ihrerseits Schläge androhte, holte er sich eines von Vaters Büchern und verschwand im Wäldchen, wo er sich stundenlang mit roten Ohren der Lektüre hingab.

Die Villa Milelli ist heute schön und sorgfältig restauriert. Sie erstrahlt in warmer Gelbfarbe, ähnlich dem Haus in Corte, aber ohne dessen wüste Beschädigungen. Sie ist teilweise bewohnt und kann nur in Ausnahmefällen besichtigt werden. Der Besucher wird entschädigt durch das Ambiente der Kulturlandschaft und den Ausblick zum

Meer – an wenigen Stellen mutet Korsika so »toskanisch« an wie hier.

Ein mißglücktes Projekt

Weniger Erfolg war Carlo bei dem »Salinen-Projekt« beschieden. Es handelte sich um die geplante Drainage und Rekultivierung des vom Vater geerbten Salzfeldes.

Carlo erhofft sich dort einen blühenden Gartenbau mit Kürbissen, Tomaten und Artischocken. Im Vertrauen auf die Zusage des Gouverneurs Marbeuf, der Staat werde sich an den enormen Kosten der Trockenlegung beteiligen, heuert Carlo ganze Brigaden von Arbeitern an und zahlt großzügigen Vorschuß. Aber der gräfliche Freund hat die Versprechungen diesmal wohl etwas leichtfertig gegeben. Die französischen Fiskalbürokraten legen sich quer, und die erhofften Subsidien tröpfeln nur spärlich. Die Arbeiten, von Bodenbeschaffenheit und Klima nicht begünstigt, sind schwieriger als erwartet. Carlo ist ständig gezwungen, eigenes gutes Geld dem schlechten hinterherzuwerfen. Bald hat er 30.000 Livres, fast 100.000.– DM, auf das aussichtslose Unternehmen verwendet. Er gerät in finanzielle Bedrängnis und muß Darlehen aufnehmen. Erst in den letzten Jahren vor seinem Tod wird ihm ein Teil seiner Auslagen vom Staat ersetzt.

Später kam die Revolution, und kein Mensch, auch nicht die Familie Buonaparte, interessierte sich mehr für das Salinen-Projekt. Auch hier fällt es leicht, Carlo Bedenkenlosigkeit in Geldsachen vorzuwerfen. Aber er war nun einmal (neben allem, was er sonst war) ein Pionier der korsischen Landwirtschaft – die Chancen durften ihm hier ebenso groß erscheinen wie die Risiken. Er war nicht der erste und blieb nicht der letzte Agrarreformer, der sich im Vertrauen auf Staatshilfe finanziell übernommen hat.

Wer viel tut, macht manche Fehler, und wer wenig tut, macht wenig Fehler. Nur wer gar nichts tut, macht überhaupt keine Fehler!

Das Haushaltsbuch

Wie sorgfältig dieser als Verschwender verleumdete Mann mit Geld und Gut umging, das beweist sein Tagebuch, das er von 1780 an bis zu seinem Tode geführt hat – in seiner gestochenen, zierlichen, aber keineswegs schwunglosen Handschrift. Es trägt den Titel »Libro della ragione«, von Biograph Versini »Livre de raison« genannt, obwohl es größtenteils in Italienisch geschrieben ist und nur wenige französische Passagen enthält. Beide Bezeichnungen sind eigentlich nicht übersetzbar, denn mit »Vernunft« haben sie direkt nichts zu tun – außer, daß die Eintragungen bezwecken, jede Unordnung des täglichen Lebens in ordentliche Statistik zu verwandeln, und damit eben doch der Vernunft dienen.

Auch Louis XVI. hat in Versailles ein solches Haushaltsbuch, wie man es denn wohl nennen sollte, geführt. Typisch für Carlo wie für seinen König ist, daß beide Bücher sich streng auf den häuslich-wirtschaftlichen Kreis beschränken und die Ereignisse der großen Welt nicht erwähnen. So ist es denn keineswegs politische Dummheit oder Indolenz gewesen, wenn Louis XVI. am Tage des Sturms auf die Bastille lapidar schreibt: »Rien« (nichts passiert). Auch Carlos Buch enthält kaum Hinweise auf Tage, die für sein Leben und seine Laufbahn außerhalb der bäuerlichen Existenz wichtig waren. Solche Bücher dienten allein der Kontrolle von Einnahmen und Ausgaben.

Zum besseren Verständnis ist es erforderlich, zeitlich einige Jahre vorzugreifen; denn erst am 19. September 1780 hat Carlo seine Eintragungen mit den Sätzen begonnen: »Ich, Carlo de Buonaparte, habe dieses Buch eröffnet, um Tag für Tag alle Geschehnisse meines häuslichen Lebens zu notieren. Ich bitte meine Kinder und ihre Nachkommen, dieselbe Methode zu befolgen, weil ich glaube, daß sie für Gegenwart und Zukunft sehr nützlich ist.« In der Tat – wiederum haben die meisten der Buonaparte-Kinder seine »Methode befolgt«, was Carlo den zumindest mittelbaren Dank der Historiker eintragen sollte.

So liest man denn Notizen wie diese:

»Ich habe alle Zeitungen am Ende des Monats April erhalten.«

»Ich habe von meinem Onkel ein Darlehn von 70 Livres erhalten. Der Perückenmacher ist bis zum 1. August bezahlt.«

»Ich habe zwei Halstücher, drei Taschentücher und ein Paar Gamaschen gekauft.«

»Für die Aufsicht in den Weinbergen habe ich den Forsthütern bis zum Jahresende 3 Livres 10 Sous bezahlt.«

»Als Salinengärtner habe ich Alessandro Bacini aus der Toskana angestellt. Wir werden die Ernte je zur Hälfte teilen, wie es dem Brauch seiner Heimat entspricht.«

»Inhalt meines Weinkellers, Ende September: Ein großes Faß Rotwein; ein großes Faß Weißwein; ein kleines Faß vom Besten; noch ein Tönnchen dito; ein Faß Most; ein Tönnchen Salinenwein. Ich habe ein Faß dem Signor Naiman in Kommission gegeben, er soll es für mich verkaufen.«

»Dem Mann, der die Kühe nach Cargese bringt, habe ich drei Livres gegeben.«

»Man hat mir fünf Soldaten für die Arbeit in den Salinen zur Verfügung gestellt. Ich habe ihnen 7 Livres 10 Sous als Vorauszahlung gegeben. Weitere 12 Livres für die Kanalreinigung bezahlt, eine sehr schmutzige Arbeit.«

»Dem Sergeanten, der die Soldaten in den Salinen beaufsichtigt, habe ich bis 1. Dezember 10 Livres gegeben. Dazu darf er gewöhnlichen Wein trinken, soviel er mag.«

»Günstige Zeiten zum Aussäen und Einpflanzen: Spargel Anfang Oktober, Kohl Ende Oktober, der Blumenkohl im Mai, ebenso die römischen Broccoli; Radieschen zu jeder Zeit; Karotten und Spinat im Oktober; die Rüben im August; Zwiebeln, Artischocken und feine Erbsen bei den ersten Regenfällen im Herbst; Sellerie im Dezember; Melonen und Kürbisse in der Heiligen Woche.«

»Ich habe am 1. Juni mein Kindermädchen Marianna vom Cap Corse mit 40 Livres ausbezahlt. Saveria Canale, mein Zimmermädchen, hat ihr Geld bis Dezember im voraus erhalten.«

»Wieder 580 Livres für die Salinenarbeit bezahlt. Man kommt langsam voran, es ist sehr schwierig.«

»Das Dienstmädchen Lucia hat ein Tischtuch verlegt, das wir nicht mehr finden können. Ich habe ihr 2 Livres vom Lohn abgezogen.«

»Ich schulde dem Kapitän Francesco Meize, für den Seetransport von 700 Zentnern Kalk, 350 Livres.«

»Giovanna, das neue Kindermädchen, hat ihren Dienst im November angetreten, für 4 Livres monatlich.«

»Ich habe die erste Etage meiner Wohnung in Borgo für 50 Livres jährlich an Giovanni Albitreccia vermietet. Der Vertrag läuft für ein Jahr.«

»Ich habe mein Schlafzimmer renovieren lassen. Zusammen mit anderen Innenarbeiten im Haus hat es 886 Livres gekostet. Die Wohnung in Borgo habe ich ebenfalls für 637 Livres renovieren lassen.«

»Zwei Kühe haben gekalbt, eine wird jetzt geschlachtet. Für Bücher habe ich 14 Livres bezahlt, an den Apotheker 24 Livres.«

»Inventar meiner Wäsche: 12 feine Hemden, 12 mittelfeine Hemden, 19 gewöhnliche Hemden, alle mit passenden Halstüchern, 12 weiße Taschentücher, 12 weiß-rot gemusterte Taschentücher, weitere hundert Stücke« (hier hat er beim Zählen wohl die Lust verloren).

»Inventar meiner Garderobe: 1 neuer Seidenfrack, 2 alte Seidenfräcke, 4 Röcke, 2 Jacken, 1 Hausanzug für den Sommer, 1 Frack und 1 Rock aus schwarzer Wolle für den Winter, 1 kompletter Anzug, 2 Paar Velourssschuhe, 2 Paar andere schwarze Schuhe, 2 Paar Pantoffeln, 4 Flanellwesten, 6 Hosen, 1 Winteranzug für die Feldarbeit, 1 Hausrock für den Winter, 1 Frack und 1 Weste aus Satin, 2 Ärmelschoner.«

Und so geht das weiter – monatelang, seitenlang... Hier ist also auch die kleinste Einnahme und Ausgabe, jede verkaufte Flasche Wein, jedes gewährte und genommene Darlehn, jede erworbene Ziege, ja selbst der Preis für die Reinigung von Hemden und Beinkleidern penibel und akkurat verzeichnet, so daß man viele Blätter nur mit gähnender Langeweile lesen kann. Aber gerade die Ungenießbarkeit der Lektüre beweist doch, daß hier ein höchst gewissenhafter Unternehmer und Familienvorstand am Werke war. Und wiederum: nicht Letizia war es, die jenes Haushaltsbuch führte, sondern Carlo selbst.

Die Familie wächst

Alle diese ökonomischen Betriebsamkeiten sind freilich von historisch geringer Bedeutung im Vergleich mit der unerhörten Leistung, die Carlo nun für seine Kinder vollbringt.

Kehren wir zurück zum Jahr 1778. Die Familie ist stark gewachsen. Joseph ist zehn und Napoleon neun Jahre alt. Nach zwei weiteren Fehlgeburten Letizias folgten Söhne und Töchter: Lucciano (Lucien), später Senator von Frankreich, dann päpstlicher Fürst von Canino, wurde 1775 geboren, zwei Jahre später Marianna (Elisa), nachmals Herzogin von Lucca und Großherzogin der Toskana, schon im folgenden Jahr Luigi (Louis), später König von Holland. Danach kommen noch Pauline, Caroline und Jerome zur Welt. Für diese drei Letztgeborenen kann Carlo nicht mehr viel tun – ihr Lebensweg beweist den Mangel der väterlichen Erziehung deutlich genug – umso mehr tut er für die Älteren.

Stipendien für die Kinder

In Frankreich ist inzwischen Louis XVI. zur Regierung gekommen – 1774, im Alter von erst 20 Jahren. Trotz allem Bösen, was ihm später nachgesagt wurde, war er ein intelligenter und fleißiger Mann, der von früh bis spät arbeitete, um das Wohl seines Volkes zu fördern. Obwohl es ihm an Rednergabe und Entschlußkraft mangelte (sonst wäre die große Revolution wohl vermieden worden), gelang es ihm, tüchtige Minister an sich zu ziehen: erst den alten Herrn Maurepas, dann den Herrn Turgot und endlich den Herrn Necker, einen schweizerischen Bankier.

Louis' XVI. bitteres Ende unter der Guillotine beweist nichts anderes als einen historischen, ebenso bitteren Erfahrungssatz – daß eine gute Regierung nie so nahe daran ist, gestürzt zu werden, als wenn sie ihre Leistungen allzu rasch noch verbessern will.

König Louis besitzt einen ausgeprägten Gerechtigkeitssinn, der für unverdiente Privilegien nichts übrig hat. Zudem ist er ein Freund des Bauernstandes und besitzt ein Faible für die Landwirtschaft. Beide Eigenschaften werden Carlo de Buonaparte zugute kommen.

Die Monarchie von Gottes Gnaden ist gewiß die undankbarste aller Staatsformen, weil sie niemandem etwas zu verdanken hat außer Gott. Aber gerade deshalb kann sie vielleicht eher für die vielstrapazierte Chancengleichheit sorgen und Leistungen objektiver würdigen als Regierungen, die vom Wohlwollen ihrer Bürger (auch der Nonvaleurs) abhängig sind. So verfügt der letzte König des Ancien Régime, daß den Kindern verdienter, aber bedürftiger Adelsfamilien freie Erziehung auf Staatskosten zu gewähren sei.

Carlo ist – wieder einmal – der erste Korse, der mit Hilfe des großen Freundes Marbeuf von diesem Angebot Gebrauch macht. Daß er sich um den Staat »verdient« gemacht hat, kann der Gouverneur wahrheitsgemäß und freudigen Herzens bestätigen. Sein Kinderreichtum und die Verluste des Salinen-Projekts lassen ihn auch als »bedürftig« erscheinen, und so bewirbt er sich erfolgreich zunächst für die beiden ältesten Söhne um Stipendien. Joseph erhält eine Freistelle am Priesterseminar von Autun (der dortige Bischof ist ein Neffe Marbeufs), wo er zunächst das Gymnasium besuchen und dann Theologie studieren soll. Napoleon bekommt einen Platz an der militärischen Kadettenanstalt in Brienne.

In diesem Jahr 1778 erreicht Carlo den Gipfel seiner politischen Laufbahn. Die Generalstände von Korsika wählen ihn als Adelsvertreter zum Mitglied einer dreiköpfigen Delegation, die dem neuen König die Huldigung der Inselbewohner überbringen, ihm aber auch die Sorgen und Nöte der Heimat vortragen soll. Vertreter des Klerus ist Seine Exzellenz der Bischof von Nebbio, Monseigneur Santini; den Bürgerstand repräsentiert Paolo Casabianca.

Am 15. Dezember besteigt die Delegation in Bastia das Schiff, das sie nach Marseille bringt. Zum ersten Mal reist Carlo nach Frankreich, in höchster staatsmännischer Funktion. Joseph und Napoleon nimmt er gleich mit und liefert sie persönlich an ihren Studienorten ab. Dann fährt er nach Paris, wo er zum Jahresende eintrifft. Im »Hotel d'Hambourg«, Rue Jacob, steigt er ab und beginnt sofort, sich bei den Ministern vorzustellen und wertvolle Verbindungen anzuknüpfen.

Am 10. März 1779 werden die Vertreter Korsikas in Versailles vom König empfangen. Bischof Santini trägt seine violette Soutane, Bürger Casabianca einen schwarzen Anzug. Carlo erscheint im grünen, silberbestickten Frack, die weißgepuderte Perücke auf dem schönen Haupt, den Degen an der Seite. Die Delegierten werden dem König, der auf seinem Thron sitzt, vom Oberhofmarschall vorgestellt. Man beugt das rechte Knie, und der König lüftet seinen Hut. Dann wird Aufstellung genommen: der Bischof rechts und der Bürger links vom König, Carlo aber unmittelbar vor ihm. Monseigneur Santini verliest eine Grußadresse. Seine Majestät dankt höflich, und dann beginnt ein sachliches Gespräch.

Carlo berichtet dem König mit ebensoviel Würde wie Temperament über die Entwicklung der korsischen Politik und Landwirtschaft. Er beklagt, daß zu viele Festland-Franzosen – jung, unerfahren und mit den korsischen Problemen wenig vertraut – in die Verwaltung der Insel eingedrungen seien. Er weist darauf hin, daß die Schulerziehung verbessert und der Straßenbau vorangetrieben werden müsse. Er plädiert für die Zucht der Seidenraupen und den Anbau der Kartoffeln. Der König hört andächtig zu, zeigt sich wohlinformiert und versichert »das getreue Korsika« seiner landesväterlichen Gefühle.

Nach diesem Empfang werden die Delegierten den Prinzen von Geblüt und der Königin Marie-Antoinette im Trianon vorgestellt. Die Königin plaudert fast ausschließlich mit Carlo – ist es ihm doch gelungen, sich einen schmeichelhaften Empfehlungsbrief ihres Bruders, des Großherzogs Leopold der Toskana, zu verschaffen.

Das ist der größte Tag in Carlos Leben. Er ist nun 33 Jahre alt. Nur sechs Jahre hat er noch vor sich.

Insgesamt 9.000 Livres, fast acht richterliche Jahresgehälter, hat ihn diese Reise gekostet. Man wird es schon müde, den erneuten Vorwurf des unnützen Luxus zurückzuweisen, denn natürlich sind in diesem Betrag auch – dem Stil der Zeit entsprechend – die Kosten für aufwendige Geschenke und Präsente an einflußreiche Hof- und Ministerialbeamte enthalten. Carlo braucht Subsidien, er braucht Freunde im Zentrum der Macht, und er braucht Gönner für seine Kinder. Wenn er irgendwo sein Geld gut investiert hat, dann sicherlich hier.

Korsische Landschaft mit Aquädukt

IX. Alles für die Familie

Beschwerliche Reisen

Nach Paris fährt Carlo in seinen letzten Lebensjahren noch mehrfach – immer mit denselben Zielen: Erlangung von Stipendien und Freiplätzen für die Kinder, Subventionen und Prämien für die Landwirtschaft, Kontaktpflege und Lobbyismus für Korsika.

Das Reisen war damals eine beschwerliche, langwierige und kostspielige Angelegenheit. Die Straßen waren in miserablem Zustand, vor allem in Südfrankreich. Noch um die Mitte des 18. Jahrhunderts betrug die durchschnittliche Reisegeschwindigkeit nur 30 Kilometer pro Tag, wenn man sich dem staatlichen Posttransportwesen anvertraute; von Bordeaux bis Paris brauchte man vierzehn Tage. Erst als Minister Turgot die nach ihm benannte »Turgotine«, einen leichteren Kutschentyp, erfunden und das Netz der Relaisstationen zum Pferdewechsel verdichtet hatte, kam man fast dreimal so schnell voran – also immer noch recht langsam.

Zudem war die Beförderung entsetzlich teuer. Für die fünftägige Fahrt von Lyon nach Paris mußten 100 Livres bezahlt werden, einschließlich der Verpflegung unterwegs. Für die Seigneurs vom hohen Adel war es noch kostspieliger, weil die Etikette unerbittlich die Benutzung eigener Fuhrwerke und die Mitnahme zahlreichen Gefolges vorschrieb. Louix XVI. hat es aus Gründen der Ersparnis mehrfach abgelehnt, Städte und Einrichtungen als König zu besuchen; einmal visitierte er seine Kriegsflotte in Brest inkognito als »Graf von Dampierre« – da genügte es, daß er von drei Kutschen statt von fünfzig Hofkarossen nebst Insassen begleitet wurde.

Die Franzosen scheinen in jener Epoche das am wenigsten reiselustige Kulturvolk Europas gewesen zu sein, was nach dem Gesagten verständlich ist. Seinen Heimatort verließ nur derjenige, den seine Geschäfte unabweisbar dazu zwangen. Und natürlich reisten die Korsen noch weniger, zumal bei ihnen noch die mehrtägige, oft stürmische Fahrt über das Meer hinzukam. Zu Carlos Lebzeiten haben nur wenige Korsen jemals ihre Insel verlassen.

Im Einsatz für Söhne und Töchter

Carlo aber ist und bleibt aktiv, immer wieder packt er seine Koffer und fährt zum Festland. Sein Sohn Joseph fühlt sich nicht zum Priester berufen, er will nach dem Vorbild des Vaters die Rechte studieren. Carlo läßt seine Pariser Beziehungen spielen und macht es ihm möglich.

Der dritte Sohn Lucien wächst nach, er soll Offizier werden wie Napoleon und auch nach Brienne gehen. Aber Napoleon, dessen Genie noch nicht von seinen Lehrern erkannt ist, blockiert ihm die Freistelle – er bleibt in der Abschlußklasse schlicht sitzen, und da immer nur *ein* Kind einer Familie an derselben Anstalt studieren darf, muß Carlo sich wieder ins Zeug legen.

Er schreibt an den Kriegsminister Comte de Ségur und bittet für beide Kinder um eine Ausnahmegenehmigung: »Ich habe nicht die Mittel, den Unterhalt meines dritten Sohnes in Frankreich sicherzustellen. Sie, Monseigneur, könnten keine größere Wohltat erweisen, als wenn Sie meiner Familie helfen würden, die dem König stets treu gedient hat und die ihre Anstrengungen in seinem Dienst noch verdoppeln wird.» Die trockene Marginalie des Kriegsministers auf dieser Petition ist heute noch lesbar: »Faire la réponse ordinaire« – die übliche Antwort geben, oder: »Geschäftsgang«, wie ein heutiger Chefbürokrat verfügen würde.

Demgemäß fällt die offizielle Antwort auch aus – kein Ja, kein Nein, »ni chèvre, ni chou«, wie der Franzose sagt, im Effekt eine Ablehnung, und Carlo muß »seine Spucke herunterschlucken«, wie man in Korsika sagt. Aber er läßt nicht locker, fährt selbst nach Paris, wird auch beim Grafen Ségur vorgelassen, und beim direkten Anlauf hat er Glück: Der Minister bewilligt gnädig, daß Napoleon noch ein Jahr in Brienne bleiben und Lucien gleichwohl dort eintreten darf.

Es ehrt Napoleon, daß er dem Grafen Ségur, der die Revolution überlebte, diese Förderung nicht vergaß. Er setzte dem alten Herrn eine üppige Pension aus und ließ eine ständige Ehrenwache vor seinem Haus Posten fassen. Dem eigentlichen Urheber der Vergünstigung hat er hingegen den symbolischen Kniefall verübelt und gemeint, sein Vater habe sich »die übertriebene Höflichkeit jener Zeit allzusehr zueigen gemacht und vor jedem scharwenzelt, der ihn durch seine Tür gehen ließ«. Der Sohn hatte leicht reden – selbst ein Großer aus Korsika war in Paris sehr, sehr klein!

Daß Carlo im übrigen nach Kräften selbst zum Unterhalt seiner Kinder während der staatlichen Ausbildung beitrug, beweist wieder sein Haushaltsbuch. Es enthält unter dem 1. Dezember 1780 die Eintragung: »Für die Pension von Joseph 570 Livres; für die Pension von Napoleon, vier Monate, 123 Livres«. Noch mehrfach sind ähnliche Beträge verzeichnet, auch aus der Zeit, in der Carlo durch das Salinen-Projekt in arge finanzielle Verlegenheit gekommen war. Aber davon hat Napoleon später kein Wort erwähnt – hingegen verlautbart er voller Rührung, daß seine Mutter ihm vor Antritt seiner ersten Fahrt nach Frankreich zugeflüstert habe: »Corragio!« (Mut). Man kann sich nicht genug wundern.

Sodann ist die älteste Tochter Elisa an der Reihe. Carlo vermittelt sie an das feine Mädchenpensionat von St. Cyr, eine Gründung der großen Mätresse Madame de Maintenon. Da lernt sie, neben den schönen Künsten, Disziplin, Systematik und Akkuratesse – was alles sie später unter ihrem großen Bruder als Chefin des französischen Departements Toskana trefflich verwenden konnte.

Schließlich wird auch noch der vierte Sohn, Louis, in einer Militärschule untergebracht.

Carlo besucht seine Kinder an den verschiedenen Ausbildungsplätzen, belehrt sie, überzeugt sich von ihren Fortschritten, redet mit den Lehrern und sorgt für den weiteren Fluß der Stipendien. Letizia hat ihn nur einmal auf diesen Inspektionsfahrten begleitet – und vergißt später nicht zu bemerken, daß er ihr in Paris nur ein Paar Schuhe gekauft habe, für sich selber aber zwei.

Das letzte Jahr

Carlos letzter Lebensabschnitt ist bis zum Rande ausgefüllt mit diesen familiären Bemühungen, mit der Sorge für Häuser, Äcker und Weinberge, mit juristischer und politischer Aktivität in Ajaccio und Bastia. Er verteidigt in der Ständeversammlung das »französische« Korsika gegen Bestrebungen einiger Mißvergnügter, die den General Paoli zurückholen, sich gar mit England gegen den König verbünden wollen. »Nur unter den Lilien Frankreichs wird Korsika eine Zukunft haben!« ruft er aus – es ist die gleiche Sentenz, die ihn als Leitspruch seit dem Ende des Freiheitskrieges begleitet, die seinen politischen und privaten Lebensweg bestimmt hat.

Endlich wird auch das mißratene Salinen-Projekt, das zum Alpdruck geworden ist, einer annehmbaren Lösung zugeführt. Carlo verdankt sie seinem anderen großen französischen Freund, dem Intendanten de Boucheporne. Dieser hat, in seinem Interesse, den Finanzminister Calonne mit Eingaben und Vorschlägen bombardiert. Am 1. September 1784 ergeht in Paris eine etwas verdrießliche Entscheidung Calonnes, dem die Affäre ersichtlich auch lästig geworden ist – nachdem der Staat schon so viel Geld in das Projekt gesteckt habe, komme es auch auf den Rest nicht mehr an; der Herr Intendant möge die Arbeiten auf Staatskosten zu Ende führen lassen und auch dem Herrn de Buonaparte eine anteilige Entschädigung für seinen Aufwand zahlen – »vorausgesetzt, die Zivilkasse wird nicht allzusehr belastet«. Vollmacht und freie Hand also für die Provinzbehörde; Carlo braucht nun wenigstens kein eigenes Geld mehr auf das Projekt zu verwenden, und Boucheporne schanzt ihm noch ein paar tausend Livres als Kostenersatz zu.

Im Jahre 1784 beginnt Carlo zu kränkeln. Er leidet unter Übelkeit und Erbrechen, fiebert auch hin und wieder und magert erschreckend ab. In Paris nimmt der Leibarzt der Königin, Docteur de Lassone, sich persönlich seiner an und verordnet eine seltsame Obstkur – er soll weiche Birnen essen. Das tut er auch und fühlt sich vorübergehend sogar besser; in der Pariser Komödie sieht er sich noch die »Hochzeit des Figaro« an. Stark geschwächt kehrt er nach Hause zurück. Die Ärzte in Ajaccio raten zu

Mineralwasser-Kuren in den Bädern von Orezza. Er nimmt sie, aber sie nützen nichts.

Im Januar 1785 packt Carlo zum letzten Mal seine Koffer, um Joseph, der die Weihnachtsferien zu Hause verbracht hat, wieder nach Frankreich zu begleiten und dann in Paris aufs neue bei den Ministern zu antichambrieren.

Der Tod in der Fremde

Die Überfahrt, mitten im stürmischen Winter, verursacht ihm Seekrankheit und heftige Leibschmerzen. Er kommt noch bis Aix, wo er den Medizinprofessor Turnatori konsultiert. Der entscheidet, er dürfe die Reise nicht fortsetzen und solle sich schleunigst nach Montpellier begeben, in die Obhut tüchtiger Internisten der dortigen medizinischen Fakultät.

In Montpellier mieten Carlo und Joseph ein Zimmer im schlichten Pensionshaus der Madame Louise Delon in der »Straße zum Grünen Pferd«. Die ihm empfohlenen Doktoren Barthès, La Mure und Sabatier eilen an Carlos Bett, das er sofort aufsuchen muß – und an ihren entsetzten Gesichtern erkennt er, daß der Tod vor der Tür steht. Er diktiert noch einen Brief an den Kriegsminister Ségur und bittet ihn, den Söhnen sein Wohlwollen zu bewahren.

Am 24. Februar 1785 – einen Monat später hätte er seinen 39. Geburtstag erlebt – schließt Carlo für immer die Augen, in Gegenwart Josephs und des Abbé Pradier, der dem Freidenker auf ausdrücklichen Wunsch die Letzte Ölung der Kirche erteilt, ihm die Beichte abnimmt, auch mit ihm betet – die Kommunion ist nicht möglich, weil der Körper nichts mehr bei sich behalten kann.

Todesursache war nach dem Befund der Ärzte und dem ausführlichen Protokoll der Autopsie die Familienkrankheit, an der Carlos Vater, später auch Napoleon, Lucien, Elisa und Pauline gestorben sind – der Magenkrebs.

In seinen letzten Stunden soll Carlo mehrfach dringlich nach Napoleon gerufen und von seinem »großen Degen« phantasiert haben – Joseph, der dem jüngeren Bruder stets heftige Eifersucht entgegenbrachte, ist da ein unverdächtiger Zeuge. So mag man uns den Glauben gestatten, daß der Vater in der Hellsicht der Agonie den Ruhm seines größten Sohnes vorausgeahnt hat.

In diesem Todesjahr noch erhält Napoleon von Louis XVI. sein Patent als königlich französischer Leutnant der Artillerie. In Carlos Todesjahr begann auch das Zeitalter der Luftfahrt. Es war der Franzose Blanchard, der erstmals mit einem Luftballon den Ärmelkanal überquerte – mit welcher Begeisterung hätte ein für Entdeckungen und Erfindungen so aufgeschlossener Mann wie Carlo reagiert, wenn er das noch erlebt hätte...

Drei Monate vor Carlos Tod war sein letztes Kind Jerome zur Welt gekommen. Letizia stand allein mit acht Nachkommen – die eine Hälfte noch im Kindesalter, die andere noch in der Ausbildung. Ihre materielle Lage war nicht rosig, denn Witwenpensionen waren damals unbekannt, und von der Landwirtschaft verstand Letizia nicht viel. Da ein Unglück selten allein kommt, hatte sie in der Folgezeit auch unter der Rache der Paolisten und anderer politischer Gegner ihres Mannes zu leiden, wurde von Haus und Hof vertrieben und mußte die Insel ihrer glücklichen Jahre verlassen. In Marseille brachte sie sich mühsam als Wäscherin und Schneiderin durch.

Aber nun waren es nur noch vier Jahre bis zur großen Revolution, die das Antlitz Europas veränderte, die auch den Grundstein legte zum märchenhaften Aufstieg der Familie Buonaparte – die das italienische »u« im Namen dann gestrichen hat, aber schneller zu Ansehen und Reichtum gelangte, als sie die französische Sprache erlernte (was einigen Mitgliedern, so Letizia, nie ganz gelungen ist).

Bei Carlos Tod war Letizia 34 Jahre alt. Wir wissen nicht, wie groß der Schmerz war, den sie empfunden – und wie sie ihn bewältigt hat. Eine Andeutung, die ganz und gar ihrem Charakter entspricht, können wir einem Brief entnehmen, den sie fünfzig Jahre später an eine verwitwete Enkelin schrieb: »Ich weiß aus eigener Erfahrung, daß es schwer ist, den Schmerz über den Verlust eines Menschen, den wir lieben, zu bezähmen. Doch bitte ich Dich, es zu machen wie ich und Dich innerlich zu härten gegen ein Unglück, das unabänderlich ist.«

Inneres von Napoleons Geburtshaus heute

Ausklang

Carlo de Buonaparte fand sein erstes Grab in der Franziskanerkirche von Montpellier. Abbé Pradier hielt die Totenmesse. Kaum zehn Personen nahmen an der Beerdigung teil. Der einfache Sarg ruhte dort achtzehn Jahre. Der Sohn Louis hat 1803 – gegen den Willen des nun allmächtigen Napoleon, aber im Einverständnis mit Mutter Letizia und Bruder Joseph – den Leichnam des Vaters exhumieren und auf seinen Besitz in Saint-Leu bei Paris verbringen lassen, ihm dort auch ein Grabmal gesetzt. Erst 1951 wurden Carlos Reste nach Korsika überführt – mit großer Pracht und Herrlichkeit, die bald wieder in völliges Vergessen umschlug.

Das war der letzte Auftritt des toten Carlo im Theater des Lebens, das er so sehr geliebt hat. Seine wohltönende Stimme war verstummt, seine Rolle war gespielt, die Bühne von anderen besetzt – die Kulissen hatten ihn aufgenommen.

So steht Carlo, der Vater, vor uns und vor der Geschichte, ein Edelmann und Patriot, ein nachhaltiger Erzieher und zärtlicher Gatte, Soldat und Diplomat, Anwalt und Richter, Bauer und Staatsmann. Seine Zeitgenossen haben ihm den Respekt, den die Nachfahren ihm ungerecht verweigerten, nicht versagt. Er war ein Mann, der mehr verdient als beiläufiges Interesse im Schatten des Sohnes Napoleon – gewiß kein Genius, aber ein großer Korse und großer Franzose, der in einem kurzen Leben Bedeutendes leistete für Volk, Heimat und Familie. Die Fesseln einer

Erbanlage, die nichts Außergewöhnliches erwarten ließ, hat er nachhaltig gesprengt.

In der oberen nordöstlichen Ecke des Pariser Friedhofs Père Lachaise, wo die großen Toten des Empire aufgesokkelt sind, befinden sich nebeneinander die Grabdenkmäler der Barone Larrey, Vater und Sohn. Der ältere Larrey war Generalarzt der napoleonischen Heere, deren Sanitäts- und Lazarettwesen er begründet hat. Die Aufschrift seines Denkmals, einer ägyptischen Pyramide, berichtet von seinen Ruhmestaten in Krieg und Frieden. Das Andenken Larreys des Älteren ist in Frankreich bis heute unvergessen, und das mit Recht. Sein Sohn war ein bedeutender Ingenieur und Schriftsteller, übrigens der erste und bisher vielleicht der beste Biograph der Letizia de Buonaparte. Auf seiner Grabsäule liest man nur vier Worte: »Digne de son père«.

Mein Wunsch wird nicht in Erfüllung gehen, aber ich sähe sehr gern – in Korsika, in Frankreich oder irgendwo in Europa – ein Denkmal des Kaisers Napoleon, auf dem nichts stünde als eben dies: »Würdig seines Vaters«.

Unterschrift Carlos

Frühe Unterschrift Napoleons

Zeittafel

1077 Der Papst unterstellt Korsika als Lehen der Republik Pisa.
1150 Der Familienname »Buona-Parte« erscheint in der Toskana, später in Ligurien.
1284 Korsika wird Kolonie der Republik Genua.
1530 Francesco de Buonaparte übersiedelt von Italien nach Korsika.
1584 Geronimo de Buonaparte im Stadtrat von Ajaccio.
1736 Theodor von Neuhof, westfälischer Baron, ist kurzfristig König von Korsika.
1746 Carlo de Buonaparte wird in Ajaccio geboren (27. März).
1755 Pasquale Paoli wird Führer der korsischen Unabhängigkeitsbewegung. Ständiger Kampf gegen Genua.
1760 Carlos Vater Giuseppe stirbt. Carlo bezieht die Universität Corte.
1762 Carlo studiert die Rechte in Pisa.
1764 Carlo wird Regierungssekretär Paolis. Er heiratet Letizia Ramolino.
1765 Carlo als Sonderbotschafter Paolis beim Heiligen Stuhl in Rom. Mitarbeit an der korsischen Verfassung.
1768 Carlos Sohn Giuseppe (Joseph) wird geboren. Genua verkauft Korsika an Frankreich. Aufstand gegen die französische Herrschaft. Carlo kämpft als Miliz-Offizier.
1769 Carlo kapituliert mit den Resten der korsischen

Truppen. Sein Sohn Napoleone (Napoléon) wird geboren (15. August). Carlo promoviert an der Universität Pisa zum Doktor der Rechte.

1770 Carlo ist Rechtsanwalt und Vertreter des Staatsanwalts in Ajaccio. Er vergrößert sein Haus und schafft eine Bibliothek an.

1771 Carlo wird zum Richter ernannt. Sein Adel wird anerkannt.

1772 Carlo wird in den »Rat der zwölf Edlen« gewählt. Er führt den Anbau der Kartoffel in Korsika ein.

1775 Carlos Sohn Lucciano (Lucien) wird geboren.

1777 Carlo prozessiert erfolgreich um die Villa Milelli. Seine Tochter Marianna (Elisa) wird geboren.

1778 Carlo wird von der korsischen Ständeversammlung als Adels-Deputierter zum Hof von Versailles gewählt. Er erhält staatliche Stipendien für seine Kinder. Sein Sohn Luigi (Louis) wird geboren.

1779 Carlo wird in Versailles von König Louis XVI. und Königin Marie Antoinette empfangen. Er bemüht sich in Paris um landwirtschaftliche Reformen und Subventionen.

1780 Carlo beginnt mit der Führung eines Haushaltsbuchs. Seine Tochter Paoletta (Pauline) wird geboren.

1781 Reisen nach Frankreich, auch in den folgenden Jahren.

1782 Carlo erleidet Verluste durch das Salinen-Projekt. Seine Tochter Maria Annunziata (Caroline) wird geboren.

1784 Carlo erkrankt an Magenkrebs. Sein letztes Kind Geronimo (Jerome) wird geboren.

1785 Carlo stirbt im Alter von 38 Jahren in Montpellier (24. Februar) und wird dort beerdigt.

1789 Ausbruch der Revolution in Frankreich.

1793 König Louis XVI. wird geköpft. Die »Casa Buonaparte« in Ajaccio wird demoliert und geplündert.

1803 Carlos Leichnam wird vom Sohn Louis nach Saint-Leu überführt.

1821 Napoleon stirbt auf St. Helena.

1836 Carlos Witwe Letizia stirbt in Rom.

1951 Carlo findet die letzte Ruhestätte in der »Chapelle Impériale« von Ajaccio.

1977 Carlos Haushaltsbuch, das »Livre de raison«, wird erstmals in französischer Sprache veröffentlicht.

Teilansicht des Napoleon-Denkmals in Ajaccio

Literatur

Amelunxen, Inselfahrten eines Richters. Hamburg 1970.

Amelunxen, König und Senator. Jerome und Lucien – Zwei Brüder Napoleons. Hamburg 1980.

Amelunxen, Napoleon auf St. Helena. Privatdruck o. J.

Aubry, La vie privée de Napoléon. Paris 1939.

Augustin, Madame Mère. Paris 1939.

Bainville, Napoleon. München 1950.

Bertrand, Cahiers de Sainte-Hélène. Paris 1949–1951.

Boswell, The Journal of a Tour to Corsica, and Memoirs of Pascal Paoli. Cambridge 1929.

Cronin, Napoleon. Hamburg/Düsseldorf 1973.

Cronin, Ludwig XVI. und Marie-Antoinette. Düsseldorf 1975.

Geer, Napoleon and His Family. 3 Bde. London 1928–1929.

Gregorovius, Korsika. Stuttgart/Tübingen 1854.

Guadagna, Auf Korsika. Passau 1963.

Heuss, Schattenbeschwörung – Randfiguren der Geschichte. Hamburg 1954.

Kircheisen, Napoleon und die Seinen. München 1914.

Lancellotti, I Napoleonidi. Rom 1936.

Larrey, Madame Mère – Napoleonis Mater. Paris 1892.

Las Cases, Mémorial de Sainte-Hélène. Paris 1951.

Madelin, La Jeunesse de Bonaparte. Paris 1948.

Manuel, Wind über Korsika. Bern 1959.

Masson, Napoléon et sa famille. 13 Bde. Paris 1930.

Maurois, Napoleon. Hamburg 1983.

Morel, La Corse. Paris 1951.

Nasica. Mémoires sur l'enfance et la jeunesse de Napoléon. Paris 1852.

Presser, Napoleon. Das Leben und die Legende. Stuttgart 1977.

Stacton, Die Bonapartes. Wien/Hamburg 1968.

Stirling, Madame Mère. Letizia, Mutter Napoleons. Tübingen 1963.

Valynseele, Le sang des Bonapartes. Privatdruck 1954.

Versini, M. de Buonaparte, ou le livre inachevé. Première Biographie du Père de Napoléon. Paris 1977.
Villeneuve, Madame Mère. Paris 1935.
Wilson, Napoleon's Mother. Philadelphia 1933.

Schuld und Strafe

Studien zur Strafrechtsdogmatik

Von Prof. Dr. Dr. h. c. Arthur Kaufmann
2., durchgesehene Auflage
1983. XIV, 268 Seiten. Leinen DM 96,–
ISBN 3-452-19510-4

Strafrecht zwischen Gestern und Morgen

Ausgewählte Aufsätze und Vorträge

Von Prof. Dr. Dr. h. c. Arthur Kaufmann
1983. XII, 226 Seiten. Leinen DM 80,–
ISBN 3-452-19511-2

Rechtsphilosophie im Wandel

Stationen eines Weges

Von Prof. Dr. Dr. h. c. Arthur Kaufmann
2., überarbeitete Auflage
1984. XVI, 280 Seiten. Leinen DM 98,–
ISBN 3-452-19687-9

Beiträge zur Juristischen Hermeneutik

sowie weitere rechtsphilosophische Abhandlungen

Von Prof. Dr. Dr. h. c. Arthur Kaufmann
1984. XII, 260 Seiten. Leinen DM 93,–
ISBN 3-452-19801-4

Carl Heymanns Verlag

Strafrechtsdogmatik zwischen Sein und Wert
Gesammelte Aufsätze und Vorträge
Von Prof. Dr. Dr. h. c. Armin Kaufmann
1982. V, 296 Seiten. Leinen DM 96,–
ISBN 3-452-19350-0

Vorsatz und Risiko
Grundfragen des tatbestandsmäßigen Verhaltens und des Vorsatzes. Zugleich ein Beitrag zur Behandlung außertatbestandlicher Möglichkeitsvorstellungen
Von Prof. Dr. Wolfgang Frisch
1983. XX, 545 Seiten. Leinen DM 250,–
ISBN 3-452-19344-6

Ausschluß der Autonomie durch Irrtum
Ein Beitrag zu mittelbarer Täterschaft und Einwilligung
Von Dr. Maria-Katharina Meyer
1984. XI, 268 Seiten. Leinen DM 130,–
ISBN 3-452-19868-5

Unschuldsvermutung, Freispruch und Einstellung
Von Prof. Dr. Dr. Kristian Kühl
1983. X, 152 Seiten. Leinen DM 78,–
ISBN 3-452-19410-8

Carl Heymanns Verlag

Der Beweisantrag im Strafprozeß

Begründet von Prof. Dr. Max Alsberg
Fortgeführt von Dr. Karl-Heinz Nüse
5., völlig neubearbeitete und erweiterte Auflage
Von Karlheinz Meyer
1983. XXIII, 979 Seiten. Leinen DM 238,–
ISBN 3-452-19317-9

Strafzumessungsrecht

Gesamtdarstellung

Von Prof. Dr. Hans-Jürgen Bruns
2., neubearbeitete und erweiterte Auflage
1974. XXXV, 751 Seiten. Leinen DM 186,–
ISBN 3-452-17493-X

Internationales Strafrecht

Geltungsbereich des Strafrechts. Internationales Rechtshilferecht. Recht der Gemeinschaften. Völkerstrafrecht

Von Prof. Dr. Dietrich Oehler
2., völlig neubearbeitete und erweiterte Auflage
1983. XXX, 689 Seiten. Leinen DM 320,–
ISBN 3-452-19312-8

Das Strafverfahren

Von Prof. Dr. Ellen Schlüchter
2., überarbeitete und ergänzte Auflage
1983. 987 Seiten. Leinen DM 109,–
ISBN 3-452-19471-X

Carl Heymanns Verlag